AF453751

UN MOT

DE

M. MICHEL BERR.

IMPRIMERIE DE SÉTIER,
Cour des Fontaines, N° 7, à Paris.

UN MOT

DE

M. MICHEL BERR,

AVEC DES NOTES;

En réponse à un Pamphlet anonyme, intitulé :

UN MOT A M. MICHEL BERR,

PUBLIÉ PAR DES JUIFS DE PARIS.

Guerre à qui la cherche!

L'autorité la plus dure à supporter, c'est celle des hommes qui ont été esclaves : ils exercent le pouvoir comme une vengeance.

Pensées de M. le comte de Ségur.

PARIS,

Au Cabinet de Lecture de Mlle. CLÉMENCE, boulevard Saint-Denis, n° 7.

Et chez les principaux Libraires du Palais-Royal.

1824.

UN MOT

DE

M. MICHEL BERR.

Pour la troisième fois, des juifs de Paris viennent de publier contre moi un pamphlet anonyme; je n'ai pas répondu moi-même aux deux premiers; ma réponse au dernier ne se fera pas attendre. Le premier de ces pamphlets, publié il y a quelques années, a été une réponse pleine d'invectives grossières et de doctrines intolérantes, à des observations pleines de franchise, de justice et de modération, faites par moi, sur les premières et incohérentes livraisons de l'ouvrage périodique, publié sous le titre de *l'Israélite français*. Le second pamphlet x a paru au sujet d'une Notice intéressante sur l'état des israélites en France, exacte à quelques exceptions indifférentes près, et publiée par M. Eugène Coque-Bert Monbret, membre du Conseil de la Société asiatique, et fils de l'un de nos savans les plus distingués. Le misérable libelliste accablait l'auteur de la Notice, moi et mon respectable et vertueux père, des injures les plus risibles et les plus dégoûtantes, et cela à cause que l'auteur de la Notice n'avait pas jugé à propos de comprendre parmi les israélites français les plus distingués par leurs talens et leurs vertus les deux membres laïcs du Consistoire central actuel, M. Simon Mayer Dalmbert, maintenant fournisseur en Espagne, et M. Aron Schmoll, l'un des administrateurs de l'Ambigu-Comique. Des écrivains distingués et le mépris public ont fait justice de ces deux productions ténébreuses. Aujourd'hui, un troisième pamphlet est publié contre moi par des juifs de la capitale, comme les deux premiers, sous le voile de l'anonyme; comme les deux premiers, respirant les sentimens les plus haineux; comme les deux premiers, remplis des imputations les plus calomnieuses. C'est ma présentation, conjointement avec M. Halphen, joaillier, à la presque unanimité, par le collége des notables israélites de Metz, pour l'un de ses deux candidats pour le Consistoire central de Paris, qui a donné lieu à cette nouvelle tentative de la haine la plus implacable. Les circonstances qui m'ont engagé à ne pas répondre aux deux précédens n'existent plus, et celles où je me trouve aujourd'hui ne me permettent pas de conserver le même silence. Je réfuterai les uns après les autres les mensonges, les ingratitudes, les délations dont quelques-uns de mes co-religionnaires, établis dans la capitale, viennent de nouveau de se rendre coupables envers moi; ce n'est qu'après que j'aurai rempli cette tâche, facile si elle n'était si dégoûtante, que je ferai connaître les causes d'un acharnement qui, avant d'être expliqué, doit inspirer presque autant d'aversion pour celui qui a le malheur d'en être l'objet, que pour ceux qui ont l'infamie de s'y livrer.

C'est comme israélite, c'est au nom de ses co-religionnaires que prétend parler celui qui a écrit ce libelle; et c'est un homme qui n'est point israélite, dont personne ne connaît ni le nom, ni l'existence, qui, pour satisfaire à ce qu'exige la loi, s'est fait inscrire chez l'imprimeur comme l'auteur de cet écrit; je n'ai point cherché à le connaître, je n'ai point cherché à savoir ce qui a pu l'engager à attaquer ainsi un homme dont il n'a jamais eu à se plaindre; et qu'importe des mains de qui, entre ceux qui peuvent en être justement soupçonnés, ou de ces êtres dégradés, dont malheureusement abonde une grande capitale, est venu recevoir le salaire de l'infamie de débiter mille calomnies dont pas une, fussent-elles toutes aussi vraies qu'elles sont fausses, ne pourrait être à sa connaissance.

Tous, et tous ceux qui siègent avec eux, sont également respensables des calomnies de ce pamphlet ; car tous ont contribué tour à tour aux avanies et aux ingratitudes qui y sont rappelées, et qui, à quelques inexactitudes près, ont eu lieu en effet ; tous y sont cités pour leurs actions, et dans leurs intérêts les plus connus, et avec des éloges ; pas un n'a fait la moindre démarche pour désavouer d'y avoir eu part. Je répondrai donc à tous à la fois sans en signaler spécialement, sans en excepter aucun. Je réfuterai les uns après les autres les mensonges, les inepties et les platitudes dont se compose l'indigne production qu'ils ont salariée, et je commence par la première.

« Doués de quelques connaissances superficielles, vous étiez parvenu, *on ne sait trop comment*, à obtenir une place de traducteur de journaux étrangers au ministère de l'intérieur. » Supposer la nécessité, même de connaissances superficielles, pour un travail purement matériel et si facile pour un homme de lettres, c'est un trait d'ineptie entièrement digne de plusieurs autres qu'on remarquera dans la suite de cet écrit ; *on ne sait trop comment*, dites-vous ? Je le crois, en effet, pour vous du moins. Obtenir d'un ministre pour qui la justice et l'amitié ne furent jamais de vains noms, un emploi agréable et utile, et l'obtenir d'après les titres acquis dans une carrière digne de quelques encouragemens, par des intentions généreuses et des malheurs honorables, c'est ce que ne peuvent concevoir les hommes qui ont inspiré cet écrit, et pour qui la corruption et le mensonge sont les seuls moyens de succès dans lesquels ils aient quelque croyance.

« Pourquoi ne l'avez-vous pas conservée ? continue-t-on, si ce n'est l'incapacité (et il faut convenir qu'on aura été un peu long à s'en apercevoir, car c'est pendant six ans que j'ai eu l'avantage de la remplir) ; pourriez-vous me dire le motif qui vous a fait perdre la confiance d'un Gouvernement qui protège toujours ceux qui le servent avec zèle et fidélité ? » A ce langage de servitude et d'adulation, qui obtiendra, j'en suis sûr, le mépris des dépositaires mêmes de l'autorité suprême, j'hésite pour savoir de qui je dois reconnaître l'insinuation ; car il en est plusieurs dont la bassesse et la lâcheté s'empresseraient de le revendiquer.

Certes, si j'avais réellement été destitué de ma place dans ce temps de troubles et d'erreurs où les passions des citoyens peuvent si facilement égarer les lumières des Gouvernans, je m'honorerais de partager les malheurs de la disgrâce avec tant de dignes, d'illustres et d'irréprochables; mais cette place, je n'en ai point été destitué comme vous vous en félicitez; elle a été supprimée et elle l'est encore; j'en avais, par une faveur spéciale, conservé pendant deux ans la moitié des honoraires; j'en conserve encore une faible partie fixée par les règlemens; et d'ailleurs, cette place, que vous me reprochez d'avoir perdue, quels efforts n'ont pas faits ceux dont vous êtes les organes, pour m'en faire dépouiller pendant que j'avais l'avantage de la remplir; vous désolez la synagogue, me fit dire celui à qui je la devais par l'ingénieux et bienveillant académicien, juste objet de son amitié et de ma reconnaissance, et je répondais que ceux qui m'accusaient de désoler la synagogue, que j'honorais et je défendais, en étaient l'opprobre et les fléaux. Son Excellence, qui n'a rien à me refuser, m'a promis de se débarrasser de Michel Berr, osait dire mensongèrement un ancien habitué des antichambres en pays étranger, d'un autre ministre dont la bonté, secondée par celle d'un autre chef bienveillant, comme le premier animé pour moi de l'amitié la plus sincère, m'a soutenu aussi long-temps qu'il lui a été possible : pour diminuer l'intérêt que je pouvais inspirer, ils parlaient alors de la fortune exagérée par la haine et l'envie, de mon respectable père; fortune honorablement et laborieusement acquise par lui, pour une nombreuse et intéressante famille; pour parvenir au même but, ils dénaturaient aussi pendant six années mes sentimens et mes doctrines : ne m'ont-ils pas dépeint comme un révolutionnaire, comme un jacobin, moi qui, entré dans le monde après nos époques de sanglante mémoire, les ai flétries dans mes écrits avec l'accent de l'indignation et de la douleur; comme regrettant les illusions et les prestiges de l'empire, moi qui, lors de ses phases les plus brillantes, n'ai cessé de parler, dans mes discours au sein de l'Académie de ma ville natale, de justice, de paix, de modération et de liberté ; moi qui, attaché de conviction et d'enthousiasme aux institutions libérales, à la monarchie constitutionnelle, aux hommes qui se sont consacrés à en défendre les intérêts et les principes. C'est par ces moyens dignes d'eux que les misérables auxquels je réponds aujourd'hui, ont, pendant six années consécutives, cherché à me faire priver d'un emploi, qu'ils me reprochent d'avoir perdu par un événement auquel ils n'ont pas même eu la satisfaction d'être parvenus à contribuer. Mais continuons de passer en revue les reproches du pamphlétaire anonyme : « Vous vous réfugiez, dit-il, à l'Athénée des Arts et des Sciences, où l'on vous admit en qualité de professeur de langue allemande ; car là, comme ailleurs, vous étiez parvenu à faire croire à vos prétendus talens. » Pour produire si universellement des illusions pareilles, il faudrait réellement plus de travail et d'adresse que pour acquérir quelques talens véritables ; je pardonne à l'anonyme d'appeler *Athénée des Arts et des Sciences*, l'Athénée royal de Paris, autrefois le Lycée où s'illustrèrent naguère La Harpe, Chénier, Ginguenée, Fourcroy, Thénard, Cuvier, Lemercier, Andrieu, V. Fabre, B. Constant, Pariset, Berville, Jay, Jouy, Tissot, et tant d'autres ; je lui pardonne encore de dire que j'ai été admis à professer un cours de langue allemande dans une chaire où l'on n'a jamais professé que les hautes parties des sciences et de la littérature ; je lui pardonne encore mieux de ne pas avoir su que c'est pendant que je professais à l'Athénée que je fus nommé traducteur au ministère de l'intérieur. Mais ce qui est inconcevable, c'est qu'il n'ait pas même pris la peine de s'informer de la nature de l'établissement célèbre dont il avait à parler à mon sujet, et qu'il paraît être persuadé que, semblable aux établissemens fixes et institués par le Gouvernement, l'Athénée a des professeurs qui, une fois nommés, continuent régulièrement tous les ans la partie d'enseignement qu'on leur a confiée ; qui ne sait que le professorat de l'Athénée se compose, se décompose, se recompose toutes les années ; et pour l'hiver seulement, et qu'on y appelle successivement, parmi toutes les classes de littérateurs, tous ceux qui, par leur réputation et leurs talens, paraissent propres à captiver l'attention et les suffrages du public nombreux et éclairé qui se presse à ses séances ? Rien de plus rare que de voir, deux années de suite, paraître dans cette chaire le même professeur, à moins que ce ne soit pour parler sur une nouvelle matière. Quelquefois des hommes distingués n'ont paru que pendant quelques séances. Avoir mérité, pendant une saison entière, les suffrages et un accueil bienveillant, c'est avoir eu tous les symptômes d'un succès que je puis ainsi me féliciter d'avoir obtenu. Les cours de littérature française même ne sont presque jamais professés que pendant une année ; je ne crois pas qu'aucun cours de littérature étrangère ait encore été professé pendant deux ans de suite ; j'ai conservé pendant sept années les entrées que l'Athénée accorde à ses professeurs. Si c'est par les faveurs de ces derniers que j'y assiste actuellement, c'est que le règlement positif de l'administration exige pour des entrées perpétuelles, un plus grand nombre de lectures que celles que j'avais pu faire dans un hiver ; je compléterais volontiers un droit qui m'était précieux ; et je saisis cette occasion d'offrir publiquement à l'administration éclairée de l'Athénée de le faire, soit par des lectures sur l'Histoire de la Lorraine, en rapport, comme celle de Bourgogne (si bien retracée par un illustre et courageux pair de France), avec les événemens les plus mémorables du moyen âge et des temps modernes : soit en retraçant, d'après des écrivains dont j'avais eu souvent à faire apprécier le génie à mes auditeurs de l'Athénée (1), les guerres modernes les plus admirables par le courage et les talens qu'elles développaient,

---

(1) Les Histoires des guerres de la Hollande et de trente ans, et celles de la Suisse, d'après Schiller et Jean Muller.

les plus nobles par leur objet, les plus satisfaisantes par leur résultat. Quant à mon cours de littérature allemande, il sera de mon devoir de le compléter, de le perfectionner, avant de le livrer, comme j'espère enfin pouvoir bientôt le faire, à un public dont le suffrage a toujours été l'objet de ma plus vive ambition, et la plus douce récompense de mes travaux et de mes efforts.

Si les reproches du pamphletaire anonyme, relativement à ma carrière publique, ne sont qu'autant de mensonges, les vérités mêlées d'inexactitudes qui se trouvent dans les assertions relativement aux procédés dont je suis l'objet, de la part de quelques-uns de mes co-religionnaires de la capitale, donneront lieu à des révélations sur la nécessité desquelles je ne puis que m'affliger profondément.

« Vos co-religionnaires, dit le pamphletaire, sont nombreux à Paris, » pour ceci j'en conviens; « ils possèdent (un homme qui se piquerait d'écrire en français dirait, ils ont établis) plusieurs Sociétés philanthropiques et religieuses. Comment se fait-il, dit-on, que vous ne soyez admis nulle part, que vous soyez repoussé par-tout? Mes réponses seront faciles, et je n'aurai aussi que l'embarras du choix; lorsque l'Ecole consistoriale israélite a été fondée, je faisais déjà partie du conseil d'administration de la Société de l'instruction élémentaire de Paris (2),

---

(1) Je suis obligé de réfuter dans une note les nombreux mensonges accumulés dans un petit passage par le pamphletaire au sujet de cette respectable société; son conseil d'administration se compose des membres du barreau et des différens comités; nommé dès l'origine et renommé sans interruption à celui du journal et de la bibliothèque, je fais donc réellement partie du conseil comme j'en prends le titre. Lorsque je fus présenté pour souscripteur, M. le chevalier Worms de Romilly se trouvait déjà parmi eux, il avait même déjà été membre du comité des fonds, mais il n'y est pas resté. Le journal de la société atteste dans un grand nombre de ses numéros les réclamations utiles que j'y ai faites un grand nombre de fois pour tout ce qui pouvait être utile à la jeunesse israélite et encourager ceux qui se livrent aux soins de son instruction; comme les suffrages

en qualité de membre de son comité du journal et de la bibliothèque, et mes réclamations n'avaient pas été sans influence sur l'établissement de cette école, qui cependant n'eût jamais été fondée sans l'exemple salutaire donné par les israélites de Metz, toujours les premiers pour tout ce qui est utile et généreux. Bien loin que la première idée du Consistoire départemental de Paris fût de ne pas m'appeler au comité de l'Ecole, sa première idée fut au contraire de m'y appeler un des premiers ; car, quoique ce Consistoire ne soit pas composé d'hommes éclairés, nommés d'après un mode plus légal, il est, sous tous les rapports, bien supérieur au Consistoire central actuel, dont je ferai connaître plus loin l'origine et la composition ; et il n'est pas sans avoir quelquefois montré un juste sentiment de ses devoirs et de sa vocation. Si donc je ne fus pas nommé, dès l'origine, membre de la commission de l'Ecole, comme le demandait l'intérêt de cet établissement, que j'étais, par ma position, appelé à soutenir dans le sein de la société pour l'instruction élémentaire, comme le désiraient le Consistoire départemental et la plus grande partie des membres de la commission même ; c'est qu'elle devait être présidée par M. le chevalier grand rabbin de Cologna, qui était un des principaux rédacteurs de *l'Israélite français*, ouvrage dont je venais de réfuter, dans une lettre à mon honorable collègue M. Villenave, les doctrines pernicieuses aussi contraires aux véritables intérêts de la religion qu'à ceux de la société, et que je combattis avec la même franchise que, plus tard, des doctrines subversives des principes fondamentaux de notre croyance. Se rendant enfin aux réclamations qui s'élevèrent de toutes parts, le Consistoire départemental réorganisa la commission de l'Ecole et m'y nomma ; les scènes injurieuses dont on prétend que cette nomination fut precédée, les conditions dont on prétend qu'on les accompagna sont entièrement inventées,

---

constamment renouvelés de la société attestent si j'ai jamais inspiré à ses membres d'autres sentimens que ceux de l'estime et de la bienveillance.

à moins qu'on ne veuille regarder comme une scène injurieuse d'être venu, dans cet intervalle, visiter l'École, de la part de la Société d'instruction élémentaire, avec quelques autres membres de son conseil, et d'avoir parlé, aux enfans et à ceux que cette solennité avait réunis, le langage d'un ami de la vertu et de la jeunesse. Mais ce qui est vrai et exact, c'est que deux membres de la commission se retirèrent à mon entrée, M. Mathis Dalmbert, éditeur de *l'Israélite français*, ouvrage dont je venais de signaler la dangereuse médiocrité, et M. Olery Terquem, alors intimement lié avec lui, et sur le compte duquel j'aurai à m'expliquer plus tard. Froissé cette fois entre les admonestations du Consistoire central et la crainte de déplaire au Consistoire départemental. M. le chevalier grand-rabbin de Cologna se résigna à présider un comité où j'allais siéger à côté de lui, et où presque toujours nos opinions étaient semblables. Les procès-verbaux du comité attestent que, pendant tout le temps que j'y siégeais, j'y fus honoré constamment des suffrages et de l'assentiment de mes collègues. Un seul membre, que je ne nommerai pas par égard pour des personnes de sa famille, troubla l'harmonie qui régnait dans ce comité. Ce fut au sujet d'une misérable discussion sur la prononciation hébraïque des Allemands et des Portugais, dont les uns voulaient faire une discussion théologique, les autres philosophique, et dans laquelle la majorité de la commission, animée d'un esprit excellent, ne voyait qu'une discussion indifférente, propre seulement à entraver l'objet principal de l'institution, l'introduction du plus grand nombre possible d'enfans iraélites dans les écoles d'enseignement mutuel, pour en sortir, pour la plus grande partie, en qualité d'ouvriers et d'artisans. Cet individu se livra, à cette occasion, contre ceux de nos co-religionnaires qui tiennent encore aux anciennes formes du culte d'une manière plus ou moins superstitieuse, à des déclamations qui me rappelèrent une époque affreuse, et qui excitèrent mon indignation et celle de mes collègues; mais je fus, il est vrai, seul à l'exprimer, quoique mon avis fût adopté; une autre fois je reprochais, après que la séance eut été levée, à un membre du comité, d'être allé avec un étranger son compatriote, parler défavorablement de moi à la célèbre et bienveillante madame D***, pour l'engager à donner à son compagnon et associé, une tâche relative aussi à la langue allemande, et que, conjointement à mon emploi au ministère, j'ai rempli pendant quelque temps dans un journal dirigé par cette intéressante muse élégiaque; la juste vivacité avec laquelle je m'exprimais au sortir de la séance, sur un pareil procédé, fut, à ce qu'il paraît, rapporté au Consistoire départemental. Bientôt après un membre du Consistoire écrivit au comité pour lui enjoindre de recevoir à ses frais, à l'école, un enfant espagnol, sans ressource, qu'il protégeait, et dont la mère, disait-il, ne tenant pas à ce que son enfant reçoive une instruction primaire chrétienne, voulait le faire élever dans l'école juive, non pas cependant d'après les principes de cette religion, mais d'après ceux d'un simple déisme. Une proposition aussi inadmissible, qui tendait à la fois à donner à notre école une charge externe, et qui doit lui rester étrangère, et à nous faire soupçonner, ou d'un prosélitisme dangereux, ou de vouloir favoriser une indifférence contraire à l'organisation sociale, eut contre elle l'opinion presque unanime du comité; M. le grand-rabbin et moi, nous nous chargeâmes de la développer. Le nommé Z..... fut le seul à appuyer, par des déclamations prétendues philosophiques, la demande du nommé Rodrigues, qui déjà, et c'est un ridicule assez commun parmi les israélites gascons, avait, sans savoir un mot d'hébreu, attaché une grande importance à faire prévaloir la prononciation plus classique des juifs portugais : le comité s'y refusa définitivement; mais le Consistoire décida que je sortirais du comité, et à la fin de l'année, je fus le seul à ne pas y rentrer, et plusieurs nouveaux membres furent élus. Les cris forcenés du sieur Rodrigues, secondés par les préventions et les rapports d'un nommé Hatzfeld, marchand d'or, trésorier et zélé agent du Consistoire, et membre du comité, en imposèrent facilement à l'insouciance des autres membres. J'ai entre les mains une lettre par laquelle tous les membres du comité, sans excepter le grand-rabbin qui le présidait, et à l'exception du seul Z....., rejettent loin d'eux toute espèce de part à cette expulsion impertinente. Deux de ses membres, M. Maas, à l'éducation et aux qualités duquel je rends justice, malgré les reproches que, plus loin, j'aurai à lui faire, et M. Galien, médecin, aussi recommandable par ses lumières que par sa philanthropie, y ajoutèrent l'expression de leurs profonds regrets, de ce que le comité était privé du concours de mon zèle et de mon expérience. Voilà, sur ce qui s'est passé au comité, et relativement à moi, la vérité exacte et complète. Des travaux utiles pour l'éducation religieuse de la jeunesse israélite avaient été conçus pendant que j'en faisais partie ; ils ont été abandonnés depuis, malgré le zèle éclairé du nouveau professeur 2.

À l'inauguration du Temple, selon le pamphlétaire anonyme, j'ai insulté un membre du Consistoire central. Ce fait, je ne prétends pas le nier ; j'avais été invité à cette solennité, et je m'y rendis ; j'y trouvais quelques honorables citoyens du bataillon de la garde nationale dont le membre du Consistoire central administrateur de la Synagogue était le chef ; ils me parlèrent des intrigues auxquelles il s'était livré dans une occasion récente ; je lui donnai à haute voix un titre, mérité ou non, j'en conviens, très-peu honorable, et ce n'était pas la première fois ; il se peut que mon nom ait été couché sur le procès-verbal de l'administration de la Synagogue ; mais je ne m'en suis pas ressenti, et c'est à la fin de la solennité que je sortis de l'enceinte sacrée, entouré de beaucoup de fidèles respectables, de beaucoup de filles d'Israël, touchantes par leurs grâces et leurs vertus, et dont quelques-uns, il est vrai, m'adressèrent des reproches sur la vivacité dont je venais de me rendre coupable. S'il y eut des voies de fait ce jour-là, ce ne fut pas de ma faute ; et, au sujet d'une affaire de discipline intérieure, deux administrateurs de la Synagogue eurent ce jour-là l'un pour l'autre des procédés sur lesquels le procès-verbal de son administration peut avoir gardé le silence, mais qui doivent être consignés dans le procès-verbal du commissaire de police du quartier où est situé le nouveau Temple israélite, Temple où on a cherché, il est vrai, à charmer un peu les yeux et les oreilles, mais où rien jusqu'ici n'a été tenté pour satisfaire un peu la raison et le cœur.

Je glisse sur le passage entièrement mensonger relatif à la manière dont je suis parvenu un jour à m'introduire dans une société de bienfaisance, genre de fraude, il en faut convenir, tout-à-fait nouveau; sollicité par plusieurs membres de cette association, dont j'ai les lettres entre les mains, j'y vins, et j'y fis mon offrande, qui fut acceptée. Il n'y a pas eu, je crois, de scrutin en ma présence, et encore moins de discussions; quelques jours après, je reçus une lettre où on m'annonçait que mon admission était illégale, et ce fut un nommé Schmoll, frère de celui qui siège au Consistoire central, qui s'est chargé de cette mission. Quant à la Société des Amis du travail, il est entièrement faux que j'aie cherché à en faire partie, et que je me sois *vanté* d'y avoir eu des suffrages. Mais, ce qui est vrai, c'est que j'ai fait naître l'idée de cette Société avant son existence; que j'en approuve, j'en honore le but et la tendance; que je fais des vœux pour son succès, et que je voudrais pouvoir la servir contre les entraves dont l'entoure le Consistoire central. Ce qui est vrai aussi, c'est que j'ai attribué à quelques *polissons* l'inconvenance qu'on a commise de ne pas m'y appeler. Ces *polissons*, je les connais; je ne les nommerai pas, ils sont jeunes, ils ont encore le temps de revenir à la vertu, dont ils se sont écartés de bonne heure; je ne veux pas, par la honte publique, leur en fermer le chemin. Qu'ils y reviennent, et ils trouveront en moi un ami et un consolateur.

Après tant de preuves accumulées de l'ineptie et de la mauvaise foi de mes adversaires, descendrai-je jusqu'à me justifier d'avoir fait des démarches pour être inscrit sur la liste des notables de Paris, ou plutôt n'ai-je pas à me justifier d'avoir consenti à demander ce que, spontanément et un des premiers, je devais obtenir, comme la justice la plus rigoureuse; moi, membre, pour le département de la Seine, de l'Assemblée par laquelle fut créé la notabilité israélite, membre de la Commission qui rédigea les réponses aux questions adressées par le Gouvernement d'alors à cette assemblée mémorable, secrétaire du Sanhédrin, qui les convertit en décisions doctrinales, notable israélite il y a quinze ans déjà, à Nancy, où des familles juives, cultivées, vertueuses et revêtues de la considération publique, donnent à l'autorité les moyens de former une notabilité israélite, véritablement recommandable, et qui, depuis cette époque, déjà reculée, ait augmenté par tant d'efforts et par tant de succès, ma notabilité comme israélite et comme citoyen. Rejetterai-je les impostures aussi révoltantes que contradictoires qui ont été faites pour justifier le refus obstiné du Consistoire central de me comprendre sur sa liste définitive de présentation, quoique j'eusse été compris par le Consistoire départemental sur la liste double sur laquelle le Consistoire central avait fait plusieurs changemens importans 3. Soutiendrai-je aussi, contre les ignobles et insipides platitudes du vil pamphletaire, les travaux, le nom et la gloire de ces illustres académies de la capitale, de nos provinces et de l'Europe, où la philosophie philanthropique et la tolérance religieuse du siècle m'ont fait trouver le bonheur. d'avoir des amis et des collègues parmi ceux où je n'aspirais qu'à trouver des maîtres et des protecteurs 4; nos savans, nos érudits, nos poëtes, nos philosophes, nos moralistes et nos artistes les plus distingués, et les travaux, fruit de mes veilles, que depuis tant d'années on a daigné admettre dans nos recueils les plus célèbres, à côté de ceux de nos écrivains les plus infatigables, les plus consciencieux 5; il est permis sans doute aux joailliers, aux banquiers et aux fournisseurs qui composent nos Consistoires israélites de Paris, de s'imaginer insulter derrière leur comptoir, et à l'aide d'un lâche pamphlet anonyme, aux efforts et aux conceptions de ceux qui servent et honorent l'humanité; mais je dois à leur dignité, à la mienne, de ne pas essayer de les défendre contre de semblables contempteurs: néanmoins si je suis entièrement indifférent et insensible aux jugemens que vous portez sur mes productions, que vous décidez être sans goût et sans esprit, je ne passerai pas sous silence l'infamie du pamphletaire qui ose dire qu'elles ont été écrites pour satisfaire mes vengeances et mes passions, et l'infamie des hommes qui ont sanctionné cette infamie commune par leur silence à eux : ces productions, parmi lesquelles je ne mentionnerai ici aucune de celles qui n'intéressent que les lettres et l'humanité en général, ces productions sont : L'appel à la justice des nations et des rois, apologie que je fis il y a vingt-cinq ans devant les souverains de l'Europe, convoqués au congrès de Lunéville, en faveur de mes co-religionnaires européens; mes réclamations en faveur de leur émancipation politique au congrès de Vienne et d'Aix-la-Chapelle; le cri de l'indignation que m'inspira l'iniquité du sénat de Francfort envers les israélites de cette ville; mes courageuses réfutations des théories intolérantes de M. de Bonald, de l'erreur flétrissante pour nous de M. l'abbé de Pradt qui nous refusait la croyance dans le dogme de l'immortalité de l'âme; des atroces imprécations de l'abbé de la Mennais : c'est l'éloge de ceux qui les premiers nous ont donné l'exemple des talens et des vertus, c'est un écrit où, réfutant quelques erreurs involontaires échappées à une biographie bienveillante, je rejetais loin de moi des éloges glorieux qui m'étaient donnés aux dépens de la justice qu'on devait rendre à l'état moral de mes co-religionnaires français; c'est enfin pour parler du plus récent de mes témoignages de zèle pour une cause honorable un morceau, où sortant à mon tour, pour répondre à une fiction outrageante pour mes co-religionnaires de la capitale, des bornes de la justice, de la convenance, et même je m'en accuse, de la délicatesse, je m'attirai, pour la première fois dans ma longue carrière, de la part d'un de nos journaux littéraires, des procédés injustes et passionnés, quoiqu'expliqués par la récrimination passionnée qui l'avait produite, et que pour mettre le comble à l'infamie du pamphlétaire et de ses protecteurs, on ose citer à l'appui de ces calomnies, sans cependant oser les nommer; ce sont là les productions que vous dites avoir été enfantées par les passions et par la vengeance! et lorsque vous ajoutez que tous mes co-religionnaires ont plus ou moins à se plaindre de ma conduite, je pourrais, par mes actions comme par mes écrits, vous confondre également par des faits et par des témoignages authentiques, irrécusables, prouver, s'il le fallait un jour, que non-seulement j'ai su inspirer des sentimens de la plus vive reconnaissance à tous ceux de mes co-religionnaires qui ont mérité de ma part des sentimens de l'estime et de l'amitié; mais que toutes les fois qu'il s'agissait de recommander quelques-uns d'entre eux, de quelque contrée que ce soit, soit à l'attention des organes de la justice, soit à celle des intermédiaires de la clémence souveraine, je l'ai fait, et presque toujours avec succès; et s'il fallait le prouver, je le ferais par les témoignages qui sont entre mes mains, de l'intérêt avec lequel quelques-uns des plus illustres dépositaires de l'autorité suprême ont accueilli mes respectueuses et toujours modestes recommandations philanthropiques.

Vous m'opposez les talens et la réputation de quelques-uns d'entre ceux dont j'ai encouragé les premiers pas et signalé les premiers titres à la considération générale; je laisse le public et leur propre modestie décider de la supériorité que vous leur accordez sur moi; mais si on doit attendre quelques explications de leur part dans la position où vous les mettez, il est de ma propre franchise d'en donner sur chacun d'eux.

Une amitié de vingt-cinq ans m'unissait à M. O. Terquem, élève de l'école polytechnique, ancien professeur de mathématiques transcendantes à Mayence, actuellement bibliothécaire du comité du dépôt central d'artillerie, officier de l'Université royale, membre des Académies de Metz et de Mayence, et l'un des collaborateurs du Bulletin universel des sciences et de l'industrie. Protégé par les soins d'un père respectable ; O. Terquem reçut une éducation distinguée, dans ce moment de vive et nouvelle émulation nationale dans une classe nouvellement citoyenne, époque que l'ignorant pamphlétaire signale comme une époque où l'éducation des israélites en France était encore fort négligée; enflammés de la même ardeur, inspirés par les mêmes circonstances, et déjà précédés dans la carrière de la considération sociale, où par des chemins divers nous allions entrer, par des co-religionnaires français, qui avaient devancé l'époque précise où l'on devait espérer de tels exemples, O. Terquem et moi nous nous liâmes d'une amitié intime ; le souvenir m'en est toujours honorable et cher; je laisse à sa digne et vertueuse famille à Metz, à ses propres amis, à ses honorables collègues ; à juger les causes qui ont interrompu les relations de cette amitié, et à reconnaître les traits de caractère qui, dans une circonstance pareille, feront garder le silence à un homme sous plus d'un rapport digne d'estime, à un homme instruit et spirituel, mais dans lequel aucun juge attentif ne trouvera jamais ni un homme de talent, ni d'un jugement exercé, ni surtout un homme de courage, de résolution et de fermeté.

Léon Hallevy, après de brillantes études, est entré dans la carrière des lettres par des essais qui peuvent laisser espérer qu'il la parcourra avec distinction, peut-être même avec quelque gloire : en étendant le cercle de ses études et de ses réflexions, il parviendra à rendre à la fois avec force et avec élégance des idées qui appartiendront à lui-même. Aux qualités de l'esprit il me paraissait joindre celles du cœur, et s'il en suivait l'impulsion, il rejetterait avec indignation les éloges qui lui sont donnés dans un pamphlet si indignement calomnieux, pour un homme qui a encouragé affectueusement, dans un de nos premiers journaux littéraires, les premiers pas de son digne frère, pour un homme qui a mérité une fois les embrassemens de leur douleur et de leur reconnaissance filiale. Le fera-t-il ?

c'est ce que décideront ceux qui ont observé ce jeune littérateur qui, en quittant les bancs de l'école, a saisi si promptement la férule de la critique.

Quels que soient mes titres aussi à la reconnaissance de M. Salvador, auteur du livre intitulé *la Loi de Moïse et la Morale des Hébreux*, je n'en attends pas l'expression ; quant à son ouvrage, on y trouve assurément un talent assez remarquable de style, et le mérite d'avoir mis dans un nouveau jour quelques vérités de morale et de politique ; mais écrit sous les inspirations d'un fanatisme sans croyance, et d'une philosophie sans profondeur et sans étendue, et avec le secours d'une érudition faible et incomplète, j'avoue que je lui trouve, surtout en le comparant à ses illustres devanciers, Fleury, Eichorn, Pastoret, et à l'élévation de son sujet, et aux vives lumières que l'érudition la plus moderne a jeté sur les plus antiques civilisations de l'Orient, une importance très-peu en rapport avec celle que quelques personnes voudraient donner à son auteur.

Si ce jugement est sévère, je me dédommagerai de la nécessité où je me crois de le prononcer, en exprimant envers un autre israélite cité aussi dans le pamphlet anonyme, les sentimens de profonde estime que m'inspirent à la fois son beau talent et son noble caractère. Ornement du barreau de Nîmes, Adolphe Crémieux a su, bien jeune encore, mériter, par son instruction et son éloquence, les suffrages les plus flatteurs ; et les affections les plus honorables, par les plus douces et sincères vertus. Au milieu du fanatisme et des haines politiques qui désolaient alors cette contrée, il a su cueillir une palme qui est elle-même déjà un triomphe pour la raison et la philosophie ; et, digne objet de l'affection de quelques-uns, mériter l'estime et les suffrages de tous. Nous nous cherchions depuis long-temps ; quelques jours passés récemment ensemble nous ont unis d'une amitié qui ne finira qu'avec nous-mêmes. J'ignore si dans ce moment il connaît déjà la misérable production vomie contre moi par la haine et l'envie ; mais je suis sûr aussi que, dès qu'il la connaîtra, il fera connaître aussi l'indignation et le mépris qu'elle lui inspire.

J'ai trop souvent exprimé mes sentimens envers MM. Anspach, Oulif et Gerson Levy, de Metz, et, dans une occasion solennelle et récente, ils ont trop contribué à l'acte éclatant de justice et de confiance qui m'a été rendu par l'élite de mes co-religionnaires français, ils ont accompagné ce témoignage public d'expressions trop affectueuses de leurs sentimens particuliers et des motifs qui les ont dirigés, pour que nous ayions besoin d'entrer, l'un envers l'autre, dans aucune explication nouvelle. C'est cette compensation, si douce et flatteuse pour moi, de tant d'injustices et d'ingratitudes accumulées depuis quelques années; c'est cette présentation si inattendue, à cause des précautions prises pour l'empêcher, par un collége de notables israélites, composé en grande partie d'avocats, d'avoués, d'hommes de lettres, de médecins, à l'instant où le Consistoire central actuel se refuse obstinément à me porter sur la liste des notables de Paris : c'est là ce qui a déterminé à la promulgation d'un misérable pamphlet répandu avec la profusion la plus scandaleuse. Eh bien! c'est aux insipides turpitudes prodiguées au sujet de cette satisfaction, que vous appelez un petit triomphe, et qui est le véritable motif de votre rage et de votre désespoir; c'est aux calomnies que, directement à ce sujet, vous vouliez verser sur moi, aux adulations que vous prodiguez à mon compétiteur, et pour forcer l'autorité supérieure à le préférer à moi qui, avant ces procédés, avais hautement déclaré, dans ma famille, à mes amis, au chef de l'administration des Cultes, que je consentais bien volontiers à ce qu'il me fût préféré; c'est à tout cela que j'ai maintenant à répondre. Je ne défendrai pas plus contre vos injures les journaux qui ont annoncé cette présentation, et qui ont parlé des deux candidats d'une manière également honorable, que je n'ai défendu contre vos pasquinades mes collègues, mes collaborateurs et mes patrons; mais je répondrai à vos mensonges. Premièrement : M. Halphen et moi, nous avons été nommés ensemble, et dans une présentation de candidats il n'y a pas de premier et de second rang; les notables étaient au nombre de dix-huit; mon compétiteur, il est vrai, a été nommé à l'unanimité, et moi par quinze suffrages [6]. Cette unanimité, à l'égard de M. Halphen, était dans l'ordre; car mes co-religionnaires de Metz, après avoir fait la part des lettres et du dévouement, voulaient aussi faire la part de la fortune et rendre hommage à une bienfaisance qui, pour être faite avec trop d'ostentation, ne devait pas moins, appliquée par un homme né au milieu d'eux, à leurs établissemens de bienfaisance et d'utilité, être l'objet de leur reconnaissance; la présentation de M. Halphen devait être unanime, puisqu'elle n'avait nullement été contredite. Les suffrages que je n'ai point obtenus, ont été portés sur un membre du Consistoire central actuel, probablement par deux de ses partisans, et à un riche banquier israélite de la Capitale, membre du Consistoire départemental, par un de ses proches parens, qui a cru devoir le lui donner; voilà l'exacte vérité dénaturée par vos mensonges. Et quel est donc le motif mystérieux auquel vous attribuez un acte de justice, amené par ma vie entière consacrée à la défense d'une cause intéressante; d'un acte de justice dont l'omission n'aurait fait de tort qu'à ceux qui s'en seraient rendus coupables : puisque vous n'osez pas le désigner ce motif, vous qui n'avez cependant épargné, dans le cours de votre pamphlet, aucune impertinence et aucune calomnie; eh bien! c'est que cette supposition est un mensonge de plus, à moins que vous ne vouliez dire, qu'à la recommandation de mes titres personnels se sont joints le souvenir et la mémoire de mon digne et vertueux beau-père Bing [7] qui, un des premiers, parmi ses co-religionnaires français, fraya le chemin d'une véritable considération sociale; les douces vertus, les qualités inappréciables, les cruels et injustes malheurs de la famille, si digne d'intérêt, dont la destinée s'est unie à la mienne ; mais supposer que ce serait m'offenser que de proclamer ce surcroît de titres dont je m'honore, à l'affection de mes co-religionnaires de Metz : c'est encore une calomnie que je voue au mépris que j'ai su appeler sur toutes les autres.

Au milieu des accusations odieuses et révoltantes dont le pamphlet est rempli, il fallait bien, par une juste compensation, que le ridicule et l'absurde eussent aussi leur part ; et ils l'ont trouvée bien largement dans la grotesque interpellation que vous me faites au sujet de l'assertion très-véridique du *Pilote*, que j'ai été porté aussi à Metz, au collége électoral d'arrondissement, par le vœu spontané de mes concitoyens ; il était de mon devoir, dites-vous, de démentir cet article ; mon devoir, c'est de l'expliquer, et je m'empresse de le faire. Sous le régime impérial, les colléges des départemens composés des plus forts propriétaires, et les colléges d'arrondissemens composés de simples contribuables, étaient composés les uns et les autres d'électeurs à vie, nommés par les assemblées cantonnales, c'est-à-dire, par la totalité des citoyens imposés. Je venais me fixer à Metz, au sein de la famille de mon épouse, que recommandaient à l'estime publique, dans cette ville, les plus nobles qualités et les plus touchans souvenirs ; je venais d'être honoré à Paris, par des suffrages à l'Institut, pour la place de correspondant, et j'avais montré du zèle et quelque sagesse, comme membre de l'assemblée des députés israélites et secrétaire du Sanhédrin qui la suivit ; l'influence des principes généreux qui avait protégé mes premiers pas dans une carrière publique, se fit aussi sentir parmi mes nouveaux concitoyens. Chrétiens et israélites réunirent presqu'unanimement leurs suffrages pour me porter au collége électoral d'arrondissement de Metz ; et j'en restai membre jusqu'à ce que la loi du cinq février eût, sur de nouvelles bases, réorganisé les colléges électoraux; et c'est à ce sujet que le pamphlétaire me reproche d'avoir voulu faire croire que j'ai été nommé député en place de M. de Turmel, maître de Metz, par le collége d'arrondissement de cette ville; et qu'il me rappelle que je ne suis ni électeur, ni éligible, que je n'ai aucune propriété foncière; *risum teneatis.* Mais il fallait amener l'éloge pompeux du respectable M. de Turmel, et qui, dit le pamphlétaire, à la fin de ce passage burlesque, avec la bassesse d'un affranchi, a toujours *protégé* les électeurs israélites. Ce digne magistrat a, en effet, mérité la reconnaissance des israélites de Metz, par les soins paternels avec lesquels il a encouragé l'éducation de leur jeunesse. Mais il est encore parmi nous quelques hommes qui, nés dans les derniers rangs de nos co-religionnaires, à une époque où l'oppression et la tyrannie rendaient encore obligatoire le manteau noir chez les uns, et la tache jaune chez les autres, et qui ne se sont nullement élevés que par leur éducation au-dessus de la servilité qu'inspire une semblable origine[8]. Ils croient ne pouvoir parler avec assez d'humilité de ces témoignages de bienveillance qui, à l'époque où nous sommes parvenus, ne sont, pour les hommes du mérite et du caractère de M. de Turmel, que l'expression, envers les individus dignes d'intérêt dans tous les cultes et dans tous les rangs, de leurs sentimens naturels : sous une pareille égide la nomination de M. Halphen aura paru infaillible, et à ces hommes et à lui-même. Mais examinons encore une fois sérieusement ses titres et les miens; car c'est dans son intérêt, dans son amour-propre, qu'est rédigé le pamphlet auquel je suis obligé de répondre; et, quoiqu'en dise son auteur, je n'ai point assez oublié mes premières études, et d'humanités et de jurisprudence pour ne pas me rappeler cette maxime, que, dans la recherche de l'auteur d'un délit, jusqu'à ce que le contraire soit prouvé: *fecit quid prodest;* ses titres donc : puisque, malgré mon inclination, je suis devenu, par le sentiment de mon devoir, sérieusement son compétiteur, quels sont-ils ? Je parle de ses titres publics, car je m'empresse de reconnaître qu'il remplit les devoirs de l'homme probe, et même du bon époux, du bon père de famille, ce dont, par un étrange renversement d'idées, le pamphlétaire lui fait un mérite extraordinaire. Est-ce d'avoir réclamé l'honneur de signer un des premiers, comme on assure généralement qu'il l'a fait, ces demandes de quelques égoïstes pour le rétablissement de ces institutions qui tendent à priver tant d'hommes industrieux et probes, des fruits mêmes de leurs sueurs, et qui seraient funestes surtout pour une classe d'hommes que l'intérêt personnel, réuni aux restes du fanatisme et de l'intolérance, s'efforcerait à l'envi de refouler vers les occupations exclusives, dans lesquelles on voudrait la voir restreindre, pour lui reprocher de nouveau de ne pas vouloir en sortir. Est-ce de s'être hautement vanté, dans un collége électoral, de voter selon la loi, comme si ceux qui votent selon leur conscience ne votaient pas aussi selon la loi ? ou peut-être à ses orgueilleuses libéralités, dont il fatigue incessamment le public et la renommée ? Ah ! s'il était plus attaché aux maximes de la foi antique de ses pères qu'à la gloire et au bonheur de sa patrie nouvelle, je lui rappellerais cette maxime de nos sages : *charité dans le mystère.* Et c'est d'après de pareils titres qu'il serait appelé à défendre les intérêts les plus chers, à l'approche encore possible des temps les plus difficiles, à représenter une communauté israélite, vénérable par les pieux souvenirs de nos vertus anciennes; et où d'abord aussi, et à cause de cela même, brillèrent les premières lueurs de nos vertus nouvelles. Quant à mes titres, à moi, j'en ai fait connaître une partie, je vais indiquer rapidement les autres, j'y trouverai en même temps une occasion de réfuter les calomnies du pamphletaire dont je n'ai pas encore parlé; et parmi ces titres les plus anciennement acquis, je ne balancerai pas à ranger ma traduction de l'*Appréciation du monde*, ouvrage au sujet duquel, Jean Muller, d'immortelle mémoire, me disait en Westphalie : que c'était toujours ainsi qu'il fallait chercher à améliorer les principes et les actions d'une classe d'individus, par des idées, des préceptes et des formes qui ne lui sont pas étrangères et indifférentes ; dans leur pamphlet ancien, les rédacteurs de l'*Israélite français* ne m'ont fait aucune remarque de leur façon sur la traduction de ce livre; ils n'ont fait que reproduire textuellement la partie la plus sévère des remarques, pleines de science et de sagacité, que cet ouvrage de ma jeunesse avait inspirées au plus illustre des orientalistes européens, M. le baron Silvestre de Sacy; en omettant avec soin les passages encourageans et pleins de bienveillance, dont il les avait accompagnés; l'élégance et la fidélité de ma traduction peuvent être jugées dans les principaux chapitres qu'a bien voulu en reproduire mon estimable et ingénieux ami, M. Arthur Beugnot 9, dans l'excellent ouvrage qu'il vient de publier. On en connaît le sujet, et l'on sait que, par ma position et mes sentimens, je suis trop appelé à ne le considérer que comme apologiste, pour que j'aie dû, ainsi que le pamphletaire me reproche de ne pas l'avoir fait, essayer de le traiter dans le concours de l'Institut, avec l'impassibilité de l'érudit et de l'historien. Quant aux fautes d'hébreu que le pamphletaire reproche à M. Arthur Beugnot d'avoir faites, dans la partie de son ouvrage pour laquelle il a bien voulu me consulter, comme il se dispense de les citer, il voudra bien me dispenser d'y répondre. Du reste, avoir reçu d'un ami distingué, pour un tribut d'amitié, dans un genre de connaissances dont quelques personnes voudraient faire leur privilége exclusif, l'expression délicate de sa reconnaissance; c'était, j'en conviens, toucher à l'arche sainte, et je devais m'attendre à une réprimande aussi solennelle.

Mais je dois continuer de faire connaître mes titres, en répondant aux calomnies par lesquelles on me les conteste; le premier, je m'honore d'avoir fait sentir la nécessité de changer, en suivant la marche du temps, de l'esprit humain et de notre position particulière, une partie des formes extérieures de notre culte; de substituer, pour la plus grande partie des fidèles, dans les prières individuelles, la langue nationale comme entendue de tous, à l'antique langue sacrée, dont on ne peut plus exiger la connaissance que de nos docteurs et de nos théologiens; et qui doit continuer d'être la langue de nos liturgies et de nos cérémonies publiques : la nécessité de fondre en un seul rite commun et français, des rites différens par des différences d'origine, dont les traces se perdent tous les jours, des juifs du Midi et de ceux du Nord; et de joindre par des livres la prédication et l'exemple, à un culte selon la raison et le cœur, un culte seulement de pratique, d'abstinence et de cérémonie. Le premier, et pour ainsi dire le seul, j'ai combattu les ridicules productions anonymes aussi, quoique signées Tsarphati, et dont l'auteur quoique anonyme est connu de tout le monde, d'un certain coryphée de votre pamphletaire qui, pour saper, dans ses bases fondamentales, la religion de nos pères, et dans des lettres adressées à ses co-religionnaires, réunissait avec l'érudition confuse et le jugement faux qui le distinguent, les ingénieux sophismes de Dupuis, les savans apophthegmes de Volney, les maximes morales, mais si singulièrement placées, des saints de l'Évangile, et même de son fondateur. L'Abrégé de la Bible et Choix de morceaux de piété et de morale à l'usage des Israélites de France, est un des travaux dont je me sais le plus de gré; car, si un travail de ce genre, auquel la sottise et l'ignorance du pamphletaire pouvaient seuls attacher une importance littéraire et scientifique, n'était pas de nature à devenir un bon ouvrage, il devait devenir, et est devenu en effet, bien plus, bien mieux que cela, une bonne action. Grâce à ce livre, introduit dans toutes les familles, adopté, je puis le dire, avec un véritable enthousiasme, et comme l'attestent les nombreuses preuves qui en sont restées entre mes mains, par les docteurs de la loi et les comités des écoles de Metz, de Nancy et de Bordeaux où cet ouvrage a été solennellement donné aux élèves dans la distribution de prix, et même par le Consistoire départemental de Paris 16. Grâce à ce livre, les paroles de vérité, les paroles de vie ont cessé d'être mortes pour tant de familles, pour qui il n'y avait plus ni remontrances, ni consolations, soit dans leur joie, soit dans leurs amertumes; la société d'instruction élémentaire, sur la proposition de mon illustre et bienveillant ami M. Jomard, un de ses secrétaires, membre de l'Institut, s'appuyant sur les témoignages antérieurs d'assentiment que cet ouvrage avait reçus, l'adopta pour être recommandé par elle à l'usage de la jeunesse israélite; et demanda au ministre de l'intérieur de le répandre lui-même dans les écoles consacrées à ce culte; le ministre crut devoir renvoyer cette demande au Consistoire central qui, alors seulement, fut chargé d'un examen que ne lui avaient pas demandé, pour éclairer leur conscience, les israélites de Metz de Nancy, de Bordeaux, ni ceux de la capitale; cet examen me fut communiqué: ce qu'en dit le pamphlétaire n'en est pour ainsi dire qu'un extrait, et un extrait tellement fidèle, que j'en tire la conclusion d'une identité d'origine qui n'a nullement lieu de me surprendre. Je ne réfuterai pas ici les observations du Consistoire central sur cet ouvrage, au sujet duquel le pamphlétaire défend, avec tant de chaleur, la part qu'il suppose y avoir eue un théologien chrétien qui, s'il vivait, serait assurément fort loin d'attacher de l'importance à cette participation, et dont je ne nie pas m'être servi, comme de plusieurs autres livres, pour un travail qu'il aurait été au-dessous de moi de faire moi-même d'après les textes originaux; ainsi que j'en ai prévenu, dans la préface qui est entre les mains de tout le monde, et que je laisse apprécier à ceux qui l'ont lue. C'est à la tête de la seconde édition de cet ouvrage (la première étant entièrement épuisée, et des demandes nouvelles m'étant adressées de toutes parts), édition que je publierai avec très-peu de changemens, et qui n'auront aucune importance morale ni historique, c'est là que je réfuterai, non pas les observations ridiculement minutieuses du Consistoire central, elles n'en valent pas la peine, et il n'y a aucun abrégé qui ne puisse être le sujet d'observations semblables; mais ses observations théologiques, dont heureusement je pourrais réfuter les erreurs, avec les autorités les plus incontestables de nos docteurs les plus révérés [11]. Au moment même où le Consistoire central refusait de sanctionner un ouvrage qui contient, sans aucune omission essentielle, tous les faits et les enseignemens dont se compose notre croyance, depuis ses premiers et naïfs récits jusqu'aux dernières traditions consacrées. Il admettait et faisait admettre par le gouvernement, comme livre religieux et élémentaire, dans les écoles, un simple recueil de maximes détachées de la Bible, sans aucun rapport aux événemens au milieu desquels ils ont été donnés, et sans que le dogme fondamental de notre croyance, comme de toutes les autres, le dogme de l'immortalité de l'âme soit indiqué dans cette insignifiante compilation, que son auteur a publiée sans en apprécier le danger et l'inconvenance; mais que quelques-uns de ses co-religionnaires soutiennent systématiquement. Aucun des textes de la Bible qui indiquent ce dogme, aucune des maximes complémentaires de nos docteurs, qui l'enseignent d'une manière précise et positive, ne s'y trouvent même indiqués; je n'accuse pas les rabbins du Consistoire central de ne pas avoir apprécié cet ouvrage; ils ont prouvé le contraire par le Précis élémentaire digne d'éloges qu'ils ont publié à leur tour; mais ils étaient obligés de céder aux instances d'un de leurs membres laïques qui, au rejet de mon ouvrage, croyait ajouter pour moi l'humiliation de l'adoption d'un autre; le comité de l'école israélite de Bordeaux, dirigé par une dame d'un esprit aussi supérieur que ses vertus, refusa, malgré le Consistoire central, d'admettre cet ouvrage, comme, malgré ce Consistoire, elle avait fait admettre mon Abrégé de la Bible et Choix de morceaux de piété et de morale. Des égards pour les intentions, la famille et les qualités morales de l'auteur, m'ont empêché, dans le temps, quoique j'aurais eu si grand intérêt à le faire, de publier mon jugement sur ce recueil; et les mêmes égards m'empêchent aujourd'hui de prononcer le nom de son auteur.

Les Annales israélites, consacrées au perfectionnement de leur morale et de leur éducation, à l'exploration de leurs monumens littéraires et historiques, complèteront l'énumération de mes titres à la reconnaissance de mes co-religionnaires, retardées par des circonstances indépendantes de ma volonté, elles paraîtront enfin bientôt, et seront dignes, j'ose le dire, de leur importante et noble destination. Déjà elles comptent parmi leurs appuis d'illustres amis de l'humanité de tous les cultes, et parmi nos co-religionnaires, presque tout ce qu'il y a de familles honorables et éclairées, de noms distingués et revêtus d'estime. Si le comité d'israélites instruits et recommandables dont je m'étais entouré n'a pu être conservé, les motifs en sont faciles à expliquer. L'estimable docteur Cahen en a été empêché par les soins et les considérations de son état; mon parent et ami, M. le docteur et chevalier Léon-Goudchaux, homme plein de sagesse et d'honneur, n'a pas cessé un instant d'être d'accord avec moi ; il en eût toujours été de même du jeune traducteur d'Horace, auquel je me plaisais particulièrement de faire mettre en œuvre, par les fictions des romans et de la poésie, les beautés qu'offrent à l'imagination des écrivains et des artistes, les temps modernes peu connus et peu exploités de l'inique persécution des malheureuses victimes des fureurs de la barbarie. Mais un caractère faible et des opinions plutôt reçues que méditées, ont laissé M. Léon Halevy céder aux suggestions de son ami et de son parent, M. Mirtil Maas, à l'éducation et aux bons sentimens duquel je rends également justice. Mais, par ses ménagemens et ses attaques, il voulait donner aux annales israélites un but doublement contraire à l'esprit de leur fondation : il me répugnerait d'entrer dans d'autres détails ; car, outre mon estime pour lui, il est peu d'hommes dont j'ai conservé de plus touchans souvenirs de jeunesse, que de l'homme de bien qu'il a eu le bonheur d'avoir pour père : notre comité israélite s'est ainsi dissous de lui-même, mais sans déchirement et sans rupture. J'ai conservé la direction supérieure de l'ouvrage pour la partie religieuse ; pour la partie littéraire, historique et sociale, je me suis entouré des lumières d'écrivains distingués, les principaux collaborateurs d'un ouvrage dans un genre analogue à celui-ci, et dont le succès est déjà assuré, et de deux écrivains dont les ouvrages ont été mentionnés le plus honorablement dans le concours de l'Institut sur l'état des Juifs au moyen âge. Je recevrais la coopération de mes co-religionnaires des différentes parties de l'Europe, particulièrement de Berlin où vivent encore les souvenirs de l'immortel philosophe Juif qui illustra cette ville, où existent encore plusieurs de ses dignes amis, où se publient deux journaux dans des desseins analogues aux nôtres , et dignes de rivaliser ensemble; où enfin s'est fondée une Société dont le noble objet est la propagation des sciences et de la culture parmi les israélites de l'Europe, et qui, en m'adoptant dans son sein, en joignant à cette adoption spontanée l'expression des sentimens les plus flatteurs , m'aurait dédommagé des injures dont je viens d'être l'objet, si , en poursuivant un but aussi élevé que celui qui est l'objet de nos efforts communs , on pouvait avoir besoin de dédommagement pour des injures qui partent d'aussi bas.

Mais d'où viennent , dit-on sans doute, tant de haines accumulées par quelques hommes sur la tête de celui qui devrait être l'objet de leurs affections. D'où elles viennent ? pour les faire connaître il suffira de développer l'origine de la population juive de Paris et l'origine du Consistoire central qui administre encore dans ce moment les intérêts des Juifs de la France [12].

Une masse, une agglomération d'individus ne saurait exister d'une manière utile pour la société, pour elle-même et pour sa propre dignité, sans que ceux qui la composent soient liés entre eux par les nœuds communs de souvenirs, de sentimens, d'habitude , j'ajouterais , de pratique ou de préjugé, qui forme, dans la plus grande partie des hommes, l'ensemble de leur civilisation morale et religieuse, cette civilisation est plus ou moins empreinte des lumières ou de l'ignorance , de la culture ou de la barbarie , de la masse de ceux pour qui elle se trouve établie. Douée des qualités supérieures de la raison et du cœur, la perfection individuelle s'élève avec bonheur au-dessus de la nécessité de l'influence que je viens de signaler pour la masse ; mais pour celle-ci, quelqu'imparfait, quelque vicieux que puisse être, soit en réalité, soit en apparence seulement, faute d'une juste appréciation de son mérite relatif, le genre de civilisation dont je viens de parler, il offre, pour le perfectionnement ou du moins pour l'amélioration morale ou même intellectuelle de ceux qui vivent sous son influence, incomparablement plus de ressources que le passage subit et toujours accompagné des désastres les plus déplorables de l'existence, d'un lien pareil, à sa destruction complète et précipitée. Il y a plus, c'est que plus ce lien a été fort et serré, plus il a uni entre eux, et isolé de tout autre, ceux qui vivaient ensemble sous ses lois communes, plus sa destruction et le passage à des liens, à des sentimens, à des préjugés différens, demandent de précaution d'intelligence et de délicatesse. Les développemens, si je pouvais m'y livrer, seraient nombreux, les exemples le seraient aussi. Il est tel système politique dont la civilisation toute imparfaite et vicieuse est contraire à celle dont nous sommes accoutumés à admirer la gloire et les résultats, et qui renferme cependant dans son sein les moyens de régénération et de perfectionnement. Comme, par exemple, en Turquie, et parmi tous ceux qui vivent sous l'influence de la foi musulmane, et comme parmi les généreux Hellènes, quand ils sont livrés, au sein de leurs souvenirs, à leurs natives inspirations patriotiques et religieuses; mais le Grec moderne, éloigné de ses foyers et de ses habitudes, sans être doué d'une culture supérieure; l'Anabaptiste, au sein de nos villes, sans leur appartenir par les sciences et l'industrie, et détaché de ses rustiques et pieuses réunions; le demi barbare, jeté au milieu de nos frivoles et vaniteuses sociétés, sous les dehors d'une civilisation trompeuse, offrent une situation morale bien plus dépourvue de ressource que celle dont une philosophie superficielle pourrait seule les féliciter d'être sortis. L'ancienne civilisation des Juifs modernes présentait sans doute des imperfections, des ridicules, j'ajouterai même des vices et des dangers; mais c'était cependant une civilisation véritable forte et profonde, instituée pour des hommes supérieurs et méconnus, dans un rapport admirable avec les besoins et la situation de ceux pour qui elle était faite; destinée à des hommes pour qui, dans les tribulations les plus affreuses, les croyances et les pratiques religieuses étaient la seule consolation et le seul appui, elle devait porter et porta en effet le caractère d'une superstition minutieuse, s'appliquant à toutes les actions, à toutes les particularités de la vie domestique et privée; instituée en faveur des victimes les plus dignes de compassion de l'intolérance la plus atroce et la plus injuste, elle devait porter et porta en effet l'empreinte de la haine et de la méfiance de victimes envers leurs bourreaux, et tant que cette tyrannie et ses résultats n'avaient pas cessé d'exister, cette haine et cette méfiance étaient justes et légitimes; mais, entre ceux pour qui cette même civilisation était instituée, elle établissait, avec la connaissance la plus admirable du cœur humain et des moyens les plus propres à fournir à ses besoins et à ses sentimens, une expression convenable, les liens des plus fortes, des plus douces, des plus saintes affections auxquelles les rappelaient les événemens marquans de la vie ou même tous les instans du jour (1). Durant les temps déjà éloignés de nous, là où, pendant les diverses périodes de la dispersion des Juifs, la complication des circonstances les avait réunis en plus grand nombre, brillaient à la fois le flambeau des vertus et le flambeau de l'instruction dont alors il était possible de faire naître le goût et de semer le germe parmi eux, et lorsque, à l'époque heureuse où nous sommes arrivés, la tolérance et la philosophie ont appelé sur leurs descendans l'heure de la justice, c'est là aussi que se

---

(1) Je demande pardon à mes lecteurs de développer d'une manière imparfaite des considérations si importantes dans leur généralité et dans leur application spéciale; mais j'aurai occasion d'y revenir avec plus d'étendue dans un discours d'introduction aux Annales israélites.

développa avec franchise, avec vivacité le goût, l'amour de
nouvelles vertus, le goût de l'instruction nouvelle. L'antique engouement des études théologiques avait produit
l'amour de la science, la vénération pour ceux qui la cul-
tivent; le germe primitif avait laissé des traces dont il ne s'a-
gissait que d'élever, de généraliser l'application. Les pratiques et les maximes de la charité et de la bienveillance
étaient enseignées et inculquées par les doctrines et les pratiques du culte; si des textes du monument religieux remontant à des époques d'intolérance et de haine réciproques,
avaient autorisé autrefois l'application de ces maximes et de
ces principes d'une manière odieusement exclusive, d'autres
textes, remontant à des époques plus heureuses dans cette
longue succession d'époques et de traditions dont se compose
le judaïsme moderne, appliquaient ces mêmes et saintes recommandations aux hommes dignes d'affection et de respect,
devenus tous nos amis et nos frères, et ces textes réconcilia-
teurs, c'était ceux qui les connaissaient, qui aimaient à les
proclamer, à les voir reconnaître et suivre. Dès avant la révolution, l'apparition de Moses Mendelsohn à Berlin, lors
que les ténèbres des études théologiques semblaient les plus
épaisses, à l'instant où brilla la lumière sublime de sa morale
et de sa philosophie, justifient déjà la vérité de ces réflexions
dans leur application à l'objet même qui nous occupe. Ce
n'est pas ici le lieu de montrer comment en Allemagne,
par cette même marche naturelle des choses, l'on vit tour-à-
tour s'avancer ou reculer la civilisation sociale des Juifs;
mais en France l'influence de ces mêmes causes, jointes à
notre émancipation politique au commencement de la révolution, développa de la manière la plus évidente le phénomène
que je viens de signaler. Les familles aisées ou riches par les
moyens qui seuls leur aient été offerts et qui par conséquent
étaient bien moins dans leur volonté que dans leur position,

sentirent vivement la nécessité de lutter, par l'éducation distinguée qu'ils donneraient à leurs enfans contre des préjugés presque universellement répandus, et de modifier, dans leur application et même dans leur expression, des habitudes religieuses sous l'empire desquelles ils avaient commencé leurs vies; et ils travaillèrent, avec la plus vive émulation, à produire des résultats qui, excepté dans quelques contrées où des passions diverses et des obstacles particuliers s'y opposaient, se propagèrent avec le plus heureux succès. Dans plusieurs de ces familles, l'union de douces vertus rappelant d'anciens et pieux souvenirs, avec les avantages nouveaux d'une éducation jusqu'alors inconnue, offrit un charme particulier pour ceux dont l'imagination et le cœur étaient faits pour l'apprécier; la réunion de ces vertus, sanctifiées par les actions les plus admirables, à cette même éducation portée par l'exemple et les circonstances à sa perfection la plus rare, me fit naître à l'heureux âge de l'enthousiasme des sentimens, qui depuis sont devenus pour moi ceux du devoir et de la nature. Bientôt entrant avec succès et avec honneur dans toutes les carrières sociales, l'on vit les jeunes israélites de nos provinces, dans les camps, au barreau, dans les colléges et les ateliers, par leurs travaux et leurs vertus, acquérir le titre de citoyens. Et soit que selon l'ordre de leurs idées, la nature et le degré de leur culture, ils sont restés fidèles ou non à la direction religieuse donnée à leurs premières années, tous, jusqu'à leur heure suprême, en conservaient l'empreinte et le souvenir; en retraçant la marche par laquelle, à très-peu d'exceptions près, les israélites de la France sont parvenus à jouir des avantages d'une véritable civilisation; j'ai déjà fait connaître comment, à très-peu d'exception aussi, ceux de la capitale ne jouissent pas même encore des plus faibles commencemens d'une civilisation semblable. Aux époques antérieures, plusieurs fois des colonies juives avaient paru, disparu et en dernier lieu reparu dans la Capitale. Dans les années qui précédèrent la révolution, à peine quelques familles s'y trouvaient établies, du moins quant aux Juifs allemands; les Juifs portugais y étaient plus anciennement, et un peu en plus petit nombre; il ne s'est pas beaucoup augmenté depuis; mais, depuis le commencement de nos troubles politiques, de toutes les parties de la France et de l'Europe accoururent des familles juives allemandes dépourvues, dans les contrées d'où elles arrivaient, même des ressources exclusives auxquelles le régime qui venait de finir en France, et qui durait encore pour eux dans les autres pays, avait fixé jusqu'ici leurs espérances et leurs capacités. Leur position intellectuelle et morale, était pour la plupart bien loin d'être au-dessus des avantages de leur position commerciale; les uns tenaient à toutes les formes anciennes, soit des croyances, soit des superstitions religieuses, et ils continuèrent d'y tenir avec d'autant plus d'obstination et moins de lumières, qu'ils se trouvaient éloignés de la position qui devait faire sentir le besoin de la modification successive d'une partie de ces formes vieillies, et qui devaient l'amener peu à peu. Les autres, et ceux-là étaient à la fois les plus nombreux, les premiers arrivés et ceux qui profitèrent avec le plus de bonheur des chances de fortune qu'offraient les circonstances, et dans la nécessité, il faut le dire, de chercher à en profiter le plus possible, au milieu des phénomènes de la plus violente désorganisation de la société, se détachant des habitudes de leur enfance, en rompant, sans lumières et sans réflexions, d'anciens freins respectés, sans être en état de les remplacer par aucun autre, détruisirent ou trangressèrent tous les liens, les devoirs les plus sacrés, et d'autant plus vivement qu'ils sortaient à peine d'un état où ils étaient intimement fondus avec des pratiques dont l'importance avait disparu pour eux; mais dont rien n'avait préparé à les scinder, et se trouvaient bientôt dans un état de dissolution et de relâchement moral; dont les tentations et les jouissances d'une grande Capitale d'un côté, d'une fortune inattendue de l'autre, augmentaient encore et les scandales et les suites désastreuses : ils se trouvaient à la fois sans aucun lien avec la grande société civile, et sans rapport et sans aucune sympathie mutuelle avec ceux qui la composent, et sans avoir non plus entre eux-mêmes aucun lien commun d'origine, d'affection ou de croyance, que l'émulation plus vive ou dirais-je plus haineuse qui existe presque toujours entre des hommes qui se connaissent, se jugent, et partent des mêmes points pour arriver, par les mêmes voies, vers des résultats semblables. Pour ces hommes chez lesquels la crainte, pour ce qui seul était capable de les frapper, l'or et le pouvoir, était en raison inverse de la chute de toutes les craintes tenant à des causes invisibles, pour ces hommes tout s'opposait à leur régénération : l'absence de tout souvenir moral, l'absence même d'un préjugé combattu ailleurs, par d'heureux efforts, et inconnu dans une grande Capitale, au milieu d'une révolution dissolvante. Je ne prétends pas dire que plusieurs des individus dont une pareille aglomération est composée ne se soient pas montrés doués de qualités estimables, que plusieurs n'aient pas montré dans leur position toutes les vertus qu'on devait attendre d'eux; que plusieurs surtout n'aient donné à leur famille l'éducation la moins imparfaite qu'il leur a été possible; j'ai seulement voulu faire connaître, avec exactitude et vérité, de quelle manière s'est formée, au sein de la capitale, une association d'individus qui ne trouve nulle part son analogie, où la fortune, dépouillée de tous les avantages qui peuvent en relever l'origine, en tempérer l'orgueil, en ennoblir la destination, reçoit les hommages de ceux qui ne peuvent aspirer d'y arriver que par les mêmes voies, qui apportaient les mêmes titres à ses faveurs, et pour lesquels les résultats des vices ou des égaremens les plus déplorables sont l'objet de l'envie la plus vive, et où même l'instruction et l'étude se trouvent obligées d'apporter les prémices de leurs efforts en tribut à l'adulation la plus démoralisante. Mais si, dans une telle association d'individus et de familles, de protecteurs sans éducation et sans humilité, de protégés sans dignité et sans ressources, les circonstances amènent un homme déjà lié par des nœuds et des souvenirs intimes à la société à laquelle les hommes auxquels il appartient par d'autres nœuds et par d'autres souvenirs, n'appartiennent que par les nœuds factices ou fallacieux de l'intérêt et d'une civilisation extérieure, aussi éloigné de jouir de la brillante félicité des uns, que de connaître la malheureuse dépendance des autres, qui, dans les jours heureux comme dans les temps mauvais, n'a jamais pu dépendre que de l'emploi de son zèle et de ses facultés, des bontés et de la justice d'une famille vertueuse et distinguée, et de l'affection de quelques-uns de ceux qui, au milieu des vices et des faiblesses qui flétrirent trop souvent notre époque, ont toujours tenu les sentimens les plus généreux aux ordres de la raison la plus élevée; un homme qui n'a jamais pu trouver de louange et d'admiration que pour les principes éternels de la justice, de la morale et de la vertu, pour la patrie dans ses jours de deuil, l'amitié souffrante ou le génie persécuté, à quelle haine alors n'aura-t-il pas à s'attendre? de quelle perfidie n'aura-t-il pas à craindre de devenir victime; de quel courage, de quelle résignation n'aura-t-il pas besoin de s'armer? Mes lecteurs devineront le reste, et me dispenseront, j'en suis sûr, de le leur dire; je ne pourrais, en continuant, que me livrer à des récriminations et à des apologies également personnelles; ils m'en dispenseront, j'en suis sûr, avec plaisir. J'ai pu me décider à répondre à des accusations publiques et calomnieuses, je ne le pourrai à faire connaître des turpitudes ignorées et des témoignages de mon zèle dans lesquels je n'ai fait que suivre mon devoir et mon inclination. Ce qui a précédé, a déjà dû faire deviner une partie de ce que je dois passer sous silence, et les procédés inouis de quelques hommes qui, pendant les longues années que j'ai déjà passées au milieu d'eux, n'ont trouvé ni pour mes courtes joies, ni pour mes longues épreuves, les vertus de ma famille, et les succès de mon fils, ou enfin pour les courageux témoignages de mon dévouement à leur cause, ni félicitations, ni intérêt, ni reconnaissance. Si j'avais été obligé de développer les scandales de la haine, de l'ingratitude et de l'égoïsme, j'aurais eu en même temps la douce obligation de signaler quelques témoignages d'une amitié solide; mais j'ai à terminer ma tâche par des considérations d'un intérêt plus général, dont les conséquences néanmoins se rattachent à celles auxquelles je viens de me livrer : l'origine du Consistoire central encore actuellement existant, la nécessité de ne lui accorder aucune influence quelconque dans l'organisation plus légale et plus heureuse, qui est sur le point de lui succéder.

L'époque, à laquelle je suis obligé de remonter ici, est éloignée et remarquable, c'était celle où l'existence civile et politique des israélites, conçue et accomplie par Louis XVI, Malesherbes et l'Assemblée constituante, fut un instant menacée par les suites des plaintes qui, dans quelques contrées, s'élevaient encore contre l'usure de quelques-uns; mais bientôt après, Napoléon, ramené à des vues plus conformes à la justice et à la politique, par les hommes qui, dans son conseil, en défendaient alors encore quelquefois les principes, et au milieu desquels, dans cette discussion intéressante, se distinguèrent surtout Beugnot et Ségur, Cambacérès et Regnauld, convoqua une assemblée des députés israélites, chargés de proposer les moyens d'améliorer, en France, l'état civil et social des juifs; je me trouvais alors accidentellement à Paris, les tributs que j'avais déjà payés à la cause de mes co-religionnaires; les recommandations spontanées, que dans l'intérêt de cette même cause, d'illustres amis de l'humanité adressèrent à M. Frochot, préfet de la Seine, engagèrent ce respectable magistrat, que je n'ai jamais vu, et auquel je n'avais adressé aucune demande, à me nommer l'un des députés de la Seine à cette assemblée à laquelle, des diverses autres contrées de la France, peuplées d'israélites, arrivèrent en grand nombre, des hommes distingués par leurs lumières, leurs principes et leur caractère; le reste de la députation de Paris, beaucoup plus faible que la plupart des autres, et dans laquelle cependant se trouvèrent quelques hommes estimables, fut composée aussi bien qu'il fut possible, d'après la population juive de la Capitale. Je ne crois pas me tromper, en faisant remonter à cette époque reculée, la haine de quelques-uns de mes opulens co-religionnaires, qui ne me pardonnent pas, les uns d'avoir siégé à côté d'eux comme député israélite d'une ville, où, en ce moment encore, ils ne me reconnaissent pas le droit d'être notable; les autres de leur avoir été préféré. Je m'acquis, j'ose le dire, par la franchise de mon caractère et la modération de mes doctrines, l'estime de cette assemblée, où siégeait aussi mon respectable père, que les suffrages d'une partie d'entre elle avaient voulu porter à la présidence. Je fus désigné par l'éloquent et honorable israélite, qui fut appelé à cette présidence, Furtado de la Gironde, à faire partie de la commission chargée de proposer des réponses aux questions du gouvernement, et par les trois jeunes et illustres magistrats (1),

---

(1) MM. Molé, Portalis et Pasquier, tous les trois actuellement Pairs de France.

qui commencèrent alors, avec un talent supérieur et une noble conscience, la carrière que depuis ils ont si glorieusement
parcourue, pour remplir les fonctions de secrétaire dans
l'assemblée religieuse qui, sous le nom de Sanhédrin fut
chargée de convertir en décisions doctrinales, les réponses
de la première Assemblée à ces questions du gouvernement.
Un autre résultat de cette première assemblée, fut d'organi-
ser, pour la première fois, le culte israélite d'une manière
à la fois légale et régulière. Cette organisation devait avoir
les vices de toutes les institutions entièrement nouvelles, et,
de plus, le caractère trop aristocratique des institutions de
l'époque : un Consistoire central fut établi, ses membres se
présentaient eux-mêmes à la nomination du gouvernement,
sans aucun concours des commettans; l'assentiment unanime qu'avaient obtenu les décisions du Sanhédrin fit croire
que le Consistoire central aurait une influence bien plus
efficace, si la majorité en était composée de rabbins ou docteurs de la loi; trois d'entre eux s'étaient d'ailleurs honorablement distingués dans la première Assemblée et à la tête de
la seconde; le vénérable David Sintzheim, grand rabbin de
Strasbourg qui, sans avoir reçu une éducation civile et théologique au-dessus de celle qu'à l'époque où il parut rece-
vaient ses confrères, s'était, à un âge déjà avancé, et par ses
propres efforts, imminemment élevé au-dessus d'eux par ses
lumières et ses doctrines, et qui, par la sagesse et la fermeté
avec lesquelles, dans nos discussions, il avait donné à toutes
les opinions favorables aux vrais intérêts de la religion et de
la sociabilité, l'autorité imposante de son nom et de son caractère, s'était acquis l'estime générale et les droits les plus sacrés
à la reconnaissance de ses co-religionnaires; Sègre de Verseil,
en Piémont, rabbin qui offrait pour la première fois à ses
co-religionnaires français, le spectacle de toutes les formes
extérieures sociales jointes à toutes les vertus religieuses et

aux connaissances sacrées et profanes les plus variées et les plus solides; enfin, Abraham Cologna de Mantoue, actuellement président du Consistoire central, et qui ne s'était guère, à cette époque, fait encore remarquer que par un poëme hébreu, élégamment écrit et versifié, que les circonstances lui avaient inspiré, dont il m'avait confié la traduction, et dont j'avais signalé le mérite à l'attention publique, dans la préface dont je l'avais accompagné. Ces trois rabbins furent portés au Consistoire central par le vœu spontané de leurs co-religionnaires et de l'autorité; et le vénérable Sintzheim eut la présidence, comme il l'avait eue de la précédente assemblée. Le choix de deux membres laïques présentait bien plus de difficultés; ceux que l'opinion désignait étaient retournés dans leurs départemens, au sein de leurs familles. Quoique député de Paris, j'avais déjà quitté cette ville pour me fixer à Metz, au sein de la famille de mon épouse. Les places de laïques au Consistoire central furent gratuites; il fallait choisir parmi les juifs établis dans la Capitale, et qui y restèrent, et c'était choisir dans un cadre borné et peu brillant: le choix de l'autorité fut aussi parfait que les circonstances le permettaient, il tomba pour l'un, sur M. Jacob Lazare, homme respectable, d'un cœur droit, d'un esprit juste, d'intentions excellentes, et animé du plus vif et sincère amour de l'humanité; quelques connaissances théologiques, qui lui étaient restées de sa jeunesse, jointes depuis à des lectures tardives et à l'expérience du monde et des affaires, lui avaient donnés sur tous les autres israélites aisés de la capitale, une supériorité d'esprit et de cœur, dont les considérations précédentes doivent facilement faire apercevoir la nature des causes. Député de Paris, il nous avait été dans toutes nos discussions et dans toutes les principales commissions, dont il a été membre, de la plus grande utilité. Pour l'autre membre, ce choix tomba sur M. Baruch

Cerf-Berr, que recommandaient ses qualités personnelles, la mémoire et les bienfaits d'un père respectable, et dont la propre mémoire est maintenant recommandée aux hommes de bien, par le souvenir des malheurs les plus injustes et les vertus d'une famille intéressante; il faut le dire, la tâche importante que le Consistoire central devait se proposer ne fut pas même commencée, il faut l'attribuer à la fois à un décret arbitraire, qui avait accompagné l'établissement des consistoires, et qui pesait encore sur une partie de la population juive de France, aux événemens de la guerre et à ses fléaux, qui absorbaient toutes les attentions, enfin à la fatalité qui fit disparaître en très-peu de temps les élémens d'influence et de succès qu'offrait le Consistoire central au moment de son institution primitive. Segre fut enlevé par une mort précoce; un rabbin allemand, né Français, dont le savoir et la réputation faisaient espérer beaucoup, refusa de remplacer l'ingénieux et estimable rabbin piémontais. On eut recours à un rabbin de Coblentz, qui avait fait partie des deux assemblées : Emmanuel Deutz, l'un de nos grands rabbins actuels, homme recommandable sous plusieurs rapports, bon théologien, mais d'une extrême faiblesse pour tout ce qui tient à la littérature sacrée et aux connaissances profanes. Sintzheim mourut bientôt après, riche d'années et de vertus, et laissa la présidence du Consistoire central à M. le grand rabbin Cologna, dont l'Ordre de la Couronne de Fer vint bientôt après rehausser la considération et la renommée, et qu'on aurait voulu voir dès lors s'acquérir aussi, par ses conseils et son zèle, dans l'intérieur de nos familles, une influence morale et religieuse convenable à ses talens et à son caractère. Comme membre du Consistoire central, le grand rabbin Sintzheim ne fut pas remplacé par des motifs d'économie que prescrivait la diminution considérable du territoire français. Un autre genre de fatalité s'attacha aux membres laïques du Consistoire ; des malheurs trop connus durent engager l'estimable Baruch Cerf-Berr à le quitter. On le remplaça par M. Aron Schmoll, qui était parvenu à se faire nommer le dernier des députés israélites, à l'Assemblée de 1807, et n'avait pris aucune part à ses discussions. Je ne m'expliquerai pas sur sa capacité, je le laisse juger par ceux qui le connaissent ; ni sur ses qualités morales, des considérations diverses ne me laisseraient pas le mérite de l'impartialité nécessaire à un jugement. Bientôt après le respectable Jacob Lazare se crut aussi forcé, par des considérations de circonstances et d'affaires, de quitter le Consistoire central, où il avait toujours empêché le mal, où plus tard il pouvait tenter de faire le bien. J'étais alors à Paris, où la suite des événemens m'a retenu depuis ; quelques faibles démarches auraient suffi pour me porter au Consistoire central, en place de M. Jacob Lazare, qui m'en exprimait le désir, et M. le grand rabbin de Cologna, dont je cherchais alors à porter vers les vrais intérêts de notre religion l'instruction et la capacité, et qui, dans un écrit publié à cette époque 13, affichait pour moi les sentimens d'estime et d'amitié, ne s'y serait pas opposé. Je ne crus pas que dans ce moment ce titre me convenait, ni qu'il m'était nécessaire pour le bien qu'il était dans ma raison, dans mon cœur de faire. C'est alors que les deux grands rabbins et M. Aron Schmoll firent nommer à ce Consistoire M. Simon Mayer Dalmbert 14 (allié de ce dernier) qui, dès que les carrières sociales furent ouvertes aux israélites, en France, se montra aussi ardent à les parcourir par les routes de l'intrigue et de la fortune, que moi, j'ose le dire, par celles du travail, des lettres et du patriotisme. Il arrivait du royaume Westphalie, où il avait acquis, disait-on, des trésors immenses, et par eux décoré de l'ordre de cet état, et nommé un des adjoints de la mairie de sa résidence. Ces trésors, dissipés ici en très-peu d'années, ont été éphémères comme le royaume au sein duquel on les amassait facilement ; mais à cette époque sa fortune qui paraissait brillante fixait l'attention.

C'est ce Consistoire central, tronqué, mutilé, composé de deux rabbins et de deux laïques complaisamment nommés les uns par les autres, déjà odieux par son inutilité, qui a fait peser depuis dix ans sur les israélites français le joug le plus humiliant, le plus onéreux et le plus insupportable ; c'est contre lui que se sont élevées les réclamations énergiques et diverses qui ont retenti à la tribune législative, dans le conseil d'Etat, dans nos écrits périodiques et dans une foule de productions dictées par la sagesse, et inspirées par l'indignation ; ce sont ces réclamations enfin qui ont déterminé cette ordonnance royale, qui réorganise dans ses bases le système de notre notabilité et de nos Consistoires, et qui, malgré ses imperfections qu'il ne faut attribuer qu'à l'influence du Consistoire central actuel, sera l'objet de la plus vive reconnaissance des israélites français : c'est de la composition de ce nouveau Consistoire central que dépendra la question si importante de leur entière fusion civile avec le reste de la société dans les contrées où cette fusion n'est pas encore entièrement opérée, de la modification de leurs formes religieuses d'une manière conforme aux principes de leur croyance antique et de leur état actuel au milieu du genre humain. En Allemagne, en Angleterre, en Hollande, dans tout le nord de l'Europe cette tâche importante et difficile se poursuit avec bonheur : au milieu des cris de la superstition et des sarcasmes de l'incrédulité, s'élèvent des temples israélites, où l'instruction de dogmes nobles et élevés d'une morale universelle et pure, succèdent aux seules recommandations de pratique matérielles, où le charme des sens aide à élever l'esprit et à émouvoir les âmes, où des antiques hymnes retentissent dans les langues qui sont aujourd'hui celles de nos conci-

toyens et de nos frères. Les israélites français seront-ils seuls
déshérités de cet avantage, que réclament pour eux leur
bien-être, leur dignité morale, les vœux de la patrie, de la
société tout entière ? C'est de la présentation, qui sera faite au
gouvernement de candidats laïques pour être associés aux
grands rabbins du Consistoire actuel dans celui prêt à être
formé, que dépend la solution d'un problème, plus important
qu'il ne peut paraître à quelques esprits prévenus ou superfi-
ciels. Que les colléges des notables israélites fassent des présentations dignes d'eux, et ce résultat pourra être assuré.
Paris renferme dans son sein plusieurs israélites doués des
qualités dignes d'estime, de lumières naturelles, et dont quelques-uns s'y sont établis depuis plusieurs années ; et déjà
le germe de cette institution nouvelle existe dans les présentations qui ont été faites. M. Rodrigue l'aîné, premier
candidat du collége de Bordeaux, est un homme d'honneur, un homme sage, qui s'est fait estimer dans l'assemblée
de 1807, et les notables de Marseille pourraient faire un choix
pareil en présentant leurs deux compatriotes MM. Schigma
et d'Aninos établis à Paris. On connaît la présentation du
collége de Metz, si, déjà candidat de ce collége, je devais
l'être aussi à Nancy comme j'ai lieu de m'y attendre, je re-
commande à mes co-religionnaires, à mes concitoyens de
me présenter avec un des messieurs Abraham, hommes religieux, sévèrement religieux même; mais qui n'ont jamais sé-
paré la religion du culte des mœurs et de l'honneur [16]; notables
du commerce, dont ils ont l'estime et la confiance, et unis
par alliance à une des plus anciennes et respectables familles
israélites de cette contrée. Le collége de Paris pourrait présenter comme candidat, dans M. Jacob Lazare, un homme
utile, digne d'estime et de reconnaissance; dans M. le chevalier Worms de Romilly, un homme à qui son rang, sa fortune, sa position, son expérience, les fonctions qu'il a remplies,

ont donné de l'influence et de la considération ; enfin , les départemens de l'ancienne Alsace, où la situation réciproque des juifs et des chrétiens excite de nouveau l'attention, et mérite d'être envisagée sous les divers points de vue de l'administration publique, de l'éducation, de la philanthropie et de l'économie politique [17], pourraient également trouver dans des compatriotes et des co-religionnaires établis à Paris des candidats recommandables ; tels que M. Théodore Cerf-Berr, qui s'est fait estimer lui-même dans nos assemblées ; et dont deux fils, dans des carrières différentes, et également honorables, se sont acquis l'estime publique (1), et MM. Javal aîné et jeune, recommandables par leurs principes sociaux, leurs honorables relations, l'éducation distinguée de leurs enfans, les établissemens utiles qu'ils ont fondés et qu'ils dirigent ; M. Singer, manufacturier dont les travaux ont figuré dans l'exposition des produits de l'industrie nationale, et qui, dans un ouvrage estimé, a dévoilé avec courage et avec force les abus monstrueux de nos Consistoires actuels, et M. Bernheim le jeune. Qu'entre ces candidats l'autorité éclairée sur ses intérêts et ses devoirs fasse le plus promptement possible les choix les plus utiles et les plus honorables, et qu'une œuvre retardée trop long-temps, soit enfin commencée. Quel noble exemple auraient à suivre ceux qui se livreront à la tâche que je viens d'indiquer, dans ces généreuses, associations d'utilité et de bienfaisance , s'effor-

---

(1) L'un est M. le chevalier Alphonse-Théodore Cerf-Berr , capitaine d'artillerie et directeur du Gymnase dramatique, homme du plus noble caractère et de l'esprit le plus cultivé, et que des motifs respectables ont engagé à quitter la carrière des lettres dans laquelle il était honorablement entré, pour des occupations d'un autre genre ; l'autre est M. Frédéric-Théodore Cerf-Berr, vice-consul de France à la Nouvelle-Orléans ; deux autres fils de M. Théodore Cerf-Berr parcourent avec distinction la carrière militaire.

ceront, dans toutes les parties du monde, à multiplier les ateliers du travail, à diminuer les privations de l'indigence, à perfectionner l'enseignement de la jeunesse, à soulager les asiles de la douleur, à répandre les préceptes de la morale, à détruire les haines, à dissiper les erreurs. La tâche est longue (comme disent nos docteurs d'immortelle et sainte mémoire) le temps est court, et le maître nous presse.... Eh bien ! sacrifions d'injustes ou justes animosités [18] sur les autels de la réconciliation et de la vertu; et tous, avec un zèle nouveau et des cœurs nouveaux aussi, au milieu des ruines que la main cruelle du temps entasse sans cesse autour de nous, oublions de vaines et fugitives passions, pour le culte éternel de la morale et de la vérité [19]!

NOTES.

1. Ce pamphlet était signé Jacob Samuel, nom supposé ou pseudonyme et qui cachait celui de Jacob Samuel Polac, secrétaire salarié du Consistoire central, où aucun membre laïque n'est en état de remplir cette place gratuitement ainsi qu'elle devrait l'être comme dans les consistoires protestants ; cet ancien précepteur des enfans de M. Simon Dalmbert a eu pour retraite cette place onéreusement et inutilement supportée par le public israélite. La notice de M. Eugène Coque-Bert Monbret, pour laquelle j'ai fourni quelques renseignemens, sur la demande formelle réitérée et constatée entre mes mains, du père de l'estimable auteur de cet ouvrage, mon illustre et vertueux collègue à la société royale des Antiquaires de France, M. le baron Coque-Bert Monbret, de l'Institut, cette notice que je n'avais nullement provoquée, et que je n'avais pu voir dans son état définitif, était en réponse à des questions adressées par un homme d'état russe, M. le conseiller Muller de Varsovie. Ces questions m'ont été adressées aussi ; j'y ai répondu par un mémoire manuscrit étendu et approfondi et par l'envoi d'un nombre considérable de livres rares que M. Muller m'avait demandés. Il m'avait souvent donné de ses nouvelles et developpé avec chaleur les sentimens de la bienveillance et de la philantropie. Depuis long-temps je n'enreçois plus : je ne sais si je dois attribuer cette interruption à l'influence du pamphlet de Jacob Samuel qui, je le sais, lui a été envoyé ; ou à quelques changemens opérés dans les vues et les opinions de cet homme d'état et de ce publiciste distingué, ou à toute autre cause.

2. J'étais déjà sorti du comité de l'école, lorsque le prédécesseur de M. S. Caën fut entraîné par des influences qu'il ne m'appartient pas de qualifier, à quitter la religion de ses pères à laquelle depuis il est revenu. La position où se trouve actuellement cet homme qui, par ses connaissances et son aptitude, pouvait devenir utile, mérite la compassion de ceux-mêmes dont il a plus mérité le blâme ; isolé de ceux qu'il a nouvellement quittés, il est éloigné aussi d'une famille intéressante à laquelle je désire bien vivement qu'il puisse se réunir de nouveau. Puisse ce dénouement servir de leçon à ceux qui, pour opérer ce que dans leur bonne foi ils appellent des conversions, n'examinent ni les motifs qui y portent, ni les résultats

qui peuvent en avoir lieu ! Honneur aux religions et à leurs douces influences, quand elles ressèrent les liens sacrés de la nature et de la famille, qu'elles sourient au berceau de l'enfance, qu'elles bénissent les nœuds solemnels de l'hyménée, lorsqu'elles fortifient et encouragent les pas de l'homme dans la carrière austère de la vie : que sur une paisible vieillesse elles répandent les trésors de la sérénité; que sur les malheurs de l'existence humaine et au-delà elles jettent les consolations de l'éternité et de la justice; mais lorsqu'elles divisent ce qui doit être uni à jamais et qu'elles couvrent de sombres nuages l'horizon de la vie domestique, elles sont détournées indignement de leur destination auguste, elles outragent ce qu'elles veulent honorer....

3. Mon omission sur cette liste de notables telle qu'elle est, à ce que l'on assure, présentée à son excellence le ministre de l'intérieur par le Consistoire central actuel, n'est pas la seule observation à laquelle elle doit donner lieu, on pourrait en faire de très-importantes sur plusieurs de ceux qui s'y trouvent portés; l'opinion publique il est vrai confirme quelques exclusions; mais elle ne confirmerait pas également l'exclusion également demandée de M. J. Rodrigue, secrétaire du Consistoire départemental de Paris. Je suis bien loin d'avoir à me louer de lui, et je le plains de se mettre, pour remplir un emploi salarié, et qui devrait être rempli gratuitement; comme il devait l'être aussi au Consistoire central par des membres de ces Consistoires, de se mettre sous la dépendance d'hommes qui sont loin de le valoir sous tous les rapports. Mais M. Rodrigue est un homme estimable et éclairé et qui a figuré avec distinction dans l'assemblée des députés israélites. Les motifs de son exclusion ne pourraient nullement la justifier. Le texte de la loi qui crée des notables israélites dit qu'ils seront pris parmi les plus imposés et les plus recommandables. Si on se tenait rigoureusement à ces deux conditions réunies, ceux qui se trouvent parmi les plus recommandables sans être parmi les plus imposés, n'auraient pas lieu de réclamer; mais on y propose des individus qui n'appartiennent pas à ces deux catégories à la fois; d'autres qui n'appartiennent à aucune des deux; enfin on en exclut qui appartiennent aux deux ensemble comme par exemple M. Furtado jeune, qui porte un beau nom et est digne de le porter, MM. Alligri, Oulman, négocians revêtus de l'estime générale, Silveira et plusieurs autres encore. Quant à mon exclusion, ordonnée par un commis au nom d'un membre absent, elle a été, comme de coutume, humblement consentie par les trois autres. Un de mes parens de Nancy, se trouvant ici, en exprima sa surprise et son mécontentement; on lui promit de la réparer, parce qu'on avait des raisons pour le ménager et pour m'empêcher de faire des démarches en temps utile. Ce ne fut que

lorsque mon parent a été parti, et la liste retournée de la préfecture avec ses observations au ministre de l'intérieur, que j'appris indirectement mon exclusion définitive. J'en parlai à M. le comte Chabrol lui-même; ce magistrat éclairé m'écouta avec l'attention la plus bienveillante, et me fit, sur les objets habituels de mes réflexions et de mes travaux, des questions qui furent pour moi une véritable source d'instruction; mais ma démarche était tardive : très-peu de jours après d'ailleurs, j'appris que j'étais l'un des deux candidats à Metz. Présenté pour le Consistoire central, par l'élite des notables Israélites français, il ne pouvait plus que m'importer très-peu d'être ou non membre d'une notabilité israélite qui, même composée aussi bien que possible, resterait encore à peu près la plus faible de la France. C'est à Son Excellence le ministre de l'intérieur à peser dans sa sagesse la liste de présentation du Consistoire central actuel, ainsi que les préférences et les préventions sur lesquelles, je le sais, il juge à propos de les appuyer : comme c'est à lui aussi à examiner si c'est d'après les avis du Consistoire central actuel, juste objet des réclamations générales qui ont éveillé la sollicitude du gouvernement et provoqué enfin une nouvelle organisation, que cette organisation doit être déterminée. La manière dont elle sera faite pourra avoir, sur l'existence morale et religieuse des Israélites français, une influence que j'ai plus d'une fois prédite dans mes écrits, et dont la conviction anticipée me fait éprouver le sentiment le plus pénible.

4. Le pamphletaire qui dit qu'il n'est pas étonnant que je sois membre des sociétés littéraires des départemens, puisqu'elles ne résident point à Paris, raye ainsi de sa propre autorité du livre de l'existence, la Société royale des antiquaires de France et la Société philotechnique de Paris qui m'ont admis parmi leurs membres résidans; la Société asiatique, et l'Institut même, où l'on m'a honoré autrefois de suffrages pour le titre de correspondant. Je respecte trop le lecteur pour rapporter les niaiseries que le pamphletaire débite au sujet des académies départementales où siègent les citoyens les plus distingués de nos provinces, et dont les littérateurs les plus estimés de la Capitale s'empressent d'accepter les honneurs de la correspondance; mais je profiterai de l'occasion pour offrir publiquement de nouveau à ces intéressantes Sociétés, pour la bonté avec laquelle elles ont accueilli et distingué mes faibles travaux, l'hommage de ma reconnaissance; on me permettra des souvenirs particuliers aux Sociétés littéraires des deux villes auxquelles m'attachent des souvenirs également affectueux, l'académie de Nancy qui continue la gloire de l'ancienne académie fondée par le juste et bienfaisant Stanislas, et qui, entre beaucoup d'hommes distingués, a depuis quelques années le bonheur de posséder à la fois, dans un de ses membres et de ses concitoyens, un savant profond, un

héros modeste, et un sage. Celle de Metz, qui a donné dans cette cité guerrière une impulsion nouvelle à l'étude et à la culture des lettres, et qui est si digne de remplacer l'académie où, dès les premiers momens de la révolution française, se firent entendre, en faveur des israélites, les premiers cris de la philosophie, de l'humanité et de la religion. Enfin la Société littéraire qui m'a honoré du plus récent témoignage d'estime, cette société d'émulation de Cambray, si recommandable par les travaux utiles auxquels elle se livre, les nobles inspirations qu'elle a produites, et par le culte d'admiration qu'elle paye à la mémoire d'un prélat qui illustra son enceinte et sur lequel le célèbre écrivain allemand Herder a dit avec tant de raison : Ce n'est pas seulement par son église qu'il a été canonisé, c'est par le genre humain tout entier.

5. Encore un mot sur ce passage ou pamphlet : en y parlant de mes traductions de l'allemand, on y dit qu'elles sont infidèles d'un bout à l'autre. Contester à un écrivain qui, depuis vingt-cinq ans, écrit dans nos principaux recueils littéraires et politiques les plus estimés, de pouvoir traduire avec élégance et pureté dans sa langue, et d'une langue aussi généralement entendue que l'allemand, est tellement absurde, que cette absurdité doit avoir un motif secret et intéressé ; aussi je me rappelle que lorsque, après avoir cessé d'être attaché au ministère de l'interieur, je fus appelé avec l'élite de nos philologues et de nos écrivains à coopérer aux chefs-d'œuvre des théâtres étrangers, l'éditeur de cet important ouvrage, auquel j'ai payé mon tribut par la traduction de la tragédie de Martin Luther de Veruer, reçut des avis sur la prétendue fortune colossale de mon père et sur le peu de besoin que l'on devait supposer que j'avais pour mes moyens d'existence du produit de ce travail ; ces avis lui venaient de la même classe d'individus. Aujourd'hui pour justifier de ce qu'on ne veut pas me porter sur la liste de la notabilité israélite de Paris, l'on dit et l'on fait répéter par des agens, que je ne suis pas dans une position politique et commerciale compatible avec le titre de notable, et certes je ne défendrais pas contre de pareils êtres, ni la sagesse de mes opinions politiques, ni l'entière indépendance de mon existence commerciale. Mais il faut savoir que les juifs de Paris sont divisés à mon égard en deux classes ; les uns sont riches et trouvent que je ne le suis pas assez pour partager leur influence ; les autres n'ont rien et savent très-peu de choses, mais comme ils savent que mon respectable père a acquis quelqu'honorable fortune, et qu'ils croyent savoir plus que moi, à cause qu'il leur a fallu plus de peines et de temps pour acquérir leur faibles talens, ils trouvent que, tirer le moindre parti des miens, c'est usurper ce qui leur appartient. L'une de ces classes est sous la protection et le patronage de l'autre, objet de ses flatteries et de ses adu-

lations ; c'est contre leurs persécutions successives ou simul-
tanées que j'invoque l'appui, la justice et l'amitié de mes
protecteurs, de mes collègues, des amis du bien, de tous les
cultes et de tous les rangs : je les invoque pour moi et pour
l'avenir de mon fils à qui ses succès donneront encore plus
de titres à leur méchanceté et à leurs persécutions, comme
ils lui en ont donné à la bienveillance de ses guides et de ses
professeurs ; au moment où j'écris, leurs pièges sont tendus
de tous côtés contre moi ; mon repos, celui de ma famille
en sont gravement troublés ; leur pamphlet anonyme est jeté
avec la profusion la plus scandaleuse chez tous ceux dont ils
savent que j'ambitionne, et que j'ai lieu d'espérer l'estime
et les bontés, depuis les demeures des plus illustres jusqu'au
plus modeste sanctuaire du génie et de la science. Ils me
provoquent aussi à un genre de courage que je méprise sans
doute, auquel néanmoins j'ai payé mon tribut, auquel je le paierais
encore, si je ne savais que ces hommes ne se couvrent du
masque de ce courage, que pour se conduire avec la lâcheté
de bourreaux envers leurs victimes : le nom des hommes avec
lesquels, il y a plusieurs années déjà, ils ont fait envahir mon
paisible domicile, suffira au besoin, pour le prouver.

6. C'est M. Oulif, avocat israélite à Metz, et aussi instruit
qu'estimable qui, en qualité de secrétaire du collége des notables israélites de cette ville, m'a instruit le premier de ma
présentation par ce collége comme l'un des deux candidats pour
le Consistoire central ; sa lettre est remplie d'un bout à l'autre
d'expressions de son désir et de celui de ses collègues, que je
puisse voir dans ce témoignage « de leur estime l'expression de
« leur reconnaissance pour le zèle infatigable avec lequel je
« n'ai cessé de coopérer à tout ce qui peut contribuer à l'amé-
« lioration de l'état moral de mes co-religionnaires. » La lettre
des membres du bureau n'est pas moins flatteuse pour moi et
rappelle en même temps les souvenirs honorables attachés dans
cette contrée à ma famille. Je ne puis laisser échapper cette
occasion de signaler l'excellente composition du nouveau Consistoire départemental des israélites de Metz. C'est incontesta-
blement le meilleur Consistoire israélite qu'il sera possible d'or-
ganiser en France. M. Witrsheim, rabbin, MM. Schwab le jeune
et Terquem l'aîné, négocians, M. Anspach, membre de la société littéraire de Metz, M.M. Caën cultivateur, offrent entre
eux en lumières, en vertus et en considération, tout ce que
la morale et la société peuvent désirer de plus solide et respectable garantie. En rendant un hommage particulier au nouveau
Consistoire de Metz, je ne dois pas oublier de rendre justice à
ceux des autres Synagogues consistoriales, soit ceux qui ont
déjà été réélus ou ceux qui sont sur le point de l'être, si leur

composition répond à ce que l'on désire et à ce que l'on attend généralement. Ainsi qu'à Metz, à Bordeaux le Consistoire départemental a été réélu immédiatement après la présentation de candidats pour le Consistoire central; on y a revu avec plaisir le respectable et sage Lopez Dubec père, le doyen des philanthropes israélites de ces contrées, l'ami et l'émule de feu l'honorable Furtado, et qui a été comme lui appelé par la confiance de ses concitoyens à remplir des fonctions administratives importantes pour la ville de Bordeaux. Le Consistoire de Nancy verra sans doute à sa tête comme grand Rabbin M. B. Goguenhein, homme plein de lumières et de sagesse, et comme laïque et ancien, il n'est guères permis de ne pas le supposer, mon respectable père M. Berr de Turique, pensionnaire du Roi, ancien conseiller municipal et que la confiance du gouvernement, provoquée par celle de M. Villeneuve, préfet de la Meurthe, juste objet dans ce département de l'estime et de la confiance générale, a porté à l'intéressante fonction de membre de la commission administrative des hospices civils. Les vertus et les services de sa longue et honorable carrière n'ont pas dû me mettre à l'abri de la persécution de quelques hommes, puisqu'il ne l'a pas été lui-même de leurs injures dans un des pamphlets écrits sous les inspirations de leur orgueil et de leur vanité. Plusieurs autres familles israélites éclairées et estimables, fixées à Nancy, fourniront aux notables qui se réuniront dans cette ville, les moyens d'améliorer la composition de leurs consistoires. Celui de Strasbourg reverra sûrement dans son sein M. Ratisbone aîné et M. Isaac Goudchaux qui l'ont honoré par leur présence et leur zèle. Il serait à désirer qu'on réunisse à eux M. Bamberg membre de la commission de l'école.

7. J'ai trop souvent rappelé les nombreux titres que, pendant sa trop courte carrière, il s'était acquis à l'estime et à la considération publique pour les rappeler ici de nouveau; quel homme, s'intéressant à la cause des israélites et à leur littérature, ne connaît sa traduction en hébreu, composée à Metz et publiée à Berlin, du Phédon allemand et platonique de Moses Mendelsohn, sa réponse à Aubert Dubayet, ses notes dans le savant ouvrage en faveur des juifs, par M. l'abbé Grégoire, couronné par l'académie de Metz, débuts heureux qu'il aurait fait suivre de plus importans travaux, si le plus vif attachement pour sa famille ne l'eût jeté dans une autre carrière; je me bornerai à dire que si les qualités, les vertus de sa digne famille n'ont trouvé que de l'indifférence et même de la haine dans quelques hommes que les hasards de la fortune semblaient avoir placés à la tête des juifs de Paris, jamais les amis distingués que M. Bing s'est faits dans les hautes classes de la société, ni ses co-religionnaires en état d'apprécier les principes et les sentimens qu'il professait et qu'il a inculqués aux siens, n'ont refusé à sa mémoire ni aux titres de

sa famille, la part de bienveillance et d'intérêt que l'un et l'autre pouvaient avoir à réclamer, je dois, quant aux uns, payer ici un nouveau tribut de reconnaissance à la mémoire de deux illustres et respectables membres de l'assemblée constituante, Emery et Dupont de Némours; l'infatigable amitié de ce dernier a été continuée pour nous par sa digne veuve qui l'a été deux fois d'un homme célèbre et vertueux. Les notables israélites de Metz en m'écrivant qu'ils ont voulu à la fois honorer mon caractère et mes sentimens personnels et la mémoire d'un compatriote et d'un co-religionnaire objet de leurs justes regrets, ont flatté, ils n'en doivent pas douter, les plus chers et intimes sentimens de mon cœur. Dans sa notice sur l'état des israélites en France, rempli d'honorables citations, M. Eugène Coque-bert Montbret avait aussi parlé avec justice de feu M. Bing et de sa famille. Le pamphlétaire J. Samuël lui en avait fait un reproche; le reproche et l'hommage que je viens de rappeler sont également dignes de leurs auteurs.

8. Il y a un phénomène qui cause une surprise générale, c'est celui de la désunion et de la jalousie entre des hommes qui ont été l'objet de la même persécution et qui ont encore les mêmes intérêts de lutter contre la possibilité de sa renaissance. Cependant en y réfléchissant, ce phénomène quelqu'affligeant qu'il soit, est on ne peut pas plus naturel; il n'y a pas de supériorité, surtout de supériorité morale que l'on supporte moins patiemment que celle des hommes qui autrefois ont partagé notre abaissement et notre humiliation : il n'y a point au contraire de supériorité qui flatte davantage l'homme sans culture et sans éducation, que celle qu'il exerce sur des hommes qui ont été comme lui dans la même situation avilissante ou qui même étaient dans une position plus relevée. Pour qu'un noble intérêt commun l'emporte sur les vils intérêts de la vanité personnelle, il faut que l'heure de la régénération soit sonnée, et que les traces de la servitude et de l'esclavage aient été effacées sur une partie de ceux qui en étaient empreints et sur d'entières générations nouvelles, par l'anoblissement d'une culture intellectuelle et morale. Un exemple rendra plus évident ce triste phénomène : Il y a à Paris un Grec qui s'est honoré par de longs et utiles travaux : je ne puis dans ce moment assez les apprécier, pour savoir si je dois, ou non, leur comparer les miens; mais je sais que long-temps avant que l'enthousiasme de la patrie et de la foi eût appelé les Hellènes à la victoire et à la liberté, il les exhortait par ses discours à s'en rendre dignes, par la gloire des lettres et les bienfaits de l'instruction; qu'il a publié pour ses compatriotes, ses frères, les réclamations les plus honorables, les travaux les plus utiles; que comme

moi, il a dû à des efforts généreux l'amitié et les encouragemens des plus illustres amis de la science et de l'humanité;
que comme moi il a obtenu les suffrages des premiers corps
littéraires de l'Europe, que comme moi, il a été pendant
quelque temps en butte à la haine, à l'ingratitude de quelques-
uns de ceux pour la cause desquels il s'était dévoué avec l'ardeur la plus généreuse; qu'il a vécu isolé, éloigné de tous
ceux dont il méritait la vénération et la reconnaissance. Mais
l'heure de la justice a sonné pour Coraï avec celle de la
régénération, qui est encore en ce moment celle des plus tristes
et funestes épreuves; de jeunes Hellènes, pleins de science et de
mérite, et parmi lesquels j'aime à citer mon savant collègue à la
société philotechnique, M. Niocolo Poulo, s'empressent de lui
payer au nom de leurs compatriotes le tribut de la reconnaissance, et c'est dans la Revue encyclopédique, destinée à devenir les archives de tout ce qui est utile pour la civilisation morale
et intellectuelle de l'humanité, que l'un d'eux a déposé l'expression de ses sentimens. Ce qu'ils ont fait pour Coraï, mes co-religionnaires l'ont fait pour moi; ils l'ont fait les premiers, parce
que seuls encore ils étaient en état de le faire. De plus dignes
que moi, de vraiment illustres (nos annales civiles et religieuses
ne l'attestent que trop), ont passé par les mêmes épreuves de
l'injustice et de l'ingratitude. Plus heureux qu'eux, je puis espérer voir le moment où ces scènes affligeantes seront devenues
impossibles, parce que les causes qui les ont produites auront
cessé d'exister.

9. Si mon honorable et savant ami M. Arthur Beugnot
n'était en ce moment retenu loin de la Capitale, il exprime-
rait, je puis l'assurer, l'indignation qu'il éprouve d'être nommé dans un pamphlet qui révoltera à la fois sa justice et son
affection, plusieurs de mes collègues m'ont offert de répondre pour moi aux faussetés du pamphlétaire; j'ai refusé leurs
offres que j'avais acceptés en d'autres circonstances; il était
temps enfin que le public soit éclairé par moi-même sur ces
débats scandaleux et jusqu'ici inexplicables, et que l'on connaisse
ma conduite personnelle, les intentions de quelques hommes
et les véritables sentimens de la masse de mes co-religionnaires
français. Mais on se rappelle avec quelle force et quelle bienveillance ont réfutés les deux premiers pamphlets publiés contre
moi par les juifs de Paris, feu Moreau de Saint-Merry, si honorablement connu par sa carrière politique, M. le baron de La Dou-
cette, qui a parcouru avec tant de succès la carrière des lettres et
celle de l'administration, et M. Villenave, l'un de nos écrivains
les plus distingués qui, par une histoire littéraire de la France,
s'illustre en ce moment dans la chaire de l'Athénée de Paris, où
retentissent encore les voix éloquentes doctes ou ingénieuses

des Viennet, Minguet, Félix Bodin, Alexandre Lenoir, Merville,
J.-B. Say, Pariset, Francœur, Magendie, Buchon, etc. Je pro-
fite de cette occasion pour réparer une ommission dans le texte,
arrivée faute d'avoir eu assez constamment sous es yeux celui du
ridicule et révoltant pamphlet anonyme. Après avoir dit que je
m'étais *réfugié* à l'Athénée, il parle dans les termes suivans d'un
cours qui a duré pendant un hiver et m'a valu mes entrées pendant sept ans : « On devait penser que cette fois, du moins, vous
» resteriez parmi des savans, justes appréciateurs du mérite; bien-
» tôt pourtant on vous pria poliment de ne plus reparaître aux
» séances : quelle fut la cause d'un renvoi aussi brusque? C'est une
» question que j'adresse à votre sincérité. » Quel tissus de platitudes !

10. Le pamphlétaire anonyme décline les noms des membres
du Consistoire départemental qu'il assure être tous l'objet de l'estime et de la considération publiques. Je ne sais si on l'en
croira sur parole. Le grand Rabbin S. Michel est un vieillard qui
ne saurait être l'objet d'une critique sévère. J'ai eu l'occasion
d'exprimer mon opinion dans le cours de cet écrit sur trois
membres de ce Consistoire, M. le chevalier Worms de Romilly
et MM. Halphen et B. Rodrigues à qui les lumières et les
vertus de son épouse ne sauraient servir de titres personnels.
Quant à M. Baruch Weill, il a assurément toute la morgue d'un
parvenu sans éducation, mais il est entièrement irréprochable
comme négociant et comme homme privé, et si sa piété est très-
peu éclairée, elle est du moins sincère. Le Consistoire départemental de Paris sera renouvelé comme le Consistoire central,
mais directement par les notables. Je conseille à ceux de Paris, si,
comme cela est probable, un des membres actuels est porté au
Consistoire central, et l'autre non réélu, de les remplacer, car nul
doute que MM. Halphen et B. Weill doivent être réélus au Consistoire
départemental, par M. Brandon, manufacturier respectable sous
tous les rapports, et par M. Rodrigues actuellement secrétaire
et qui devra remplir cette place gratuitement. Si M. Halphen, par
suite de sa double présentation à Marseille, conjointement avec
son neveu, M. Schiama, que je viens de désigner aux suffrages
de ses co-religionnaires, était cependant porté au Consistoire central, on ne saurait mieux le remplacer au Consistoire départemental de Paris, que par un des M. Abraham, que je regarde
également, comme on a pu voir ci-dessus comme digne d'obtenir
des suffrages pour le Consistoire central.

11. Quand ceux qui trouvent mon abrégé de la bible dangereux pour la jeunesse israélite, citent comme une preuve
d'ignorance d'avoir mis que Joseph est âgé de seize ans. Sou

lieu de dix-sept, ils ne sont que ridicules, mais quand ne se contentant pas de la consécration que j'ai faite du dogme fondamental de la religion juive de la venue future du Messie, dans le choix des morceaux de piété et de morale, ils me reprochent l'omission de certains chapitres de la bible qu'ils interprètent dans un esprit formellement démenti dans plusieurs autres chapitres, ils méconnaissent à la fois et notre doctrine morale et notre doctrine sociale, telles qu'elles sont consacrées par nos docteurs les plus orthodoxes et les plus révérés. En parlant de mon abrégé de la bible, je dois payer un tribut de reconnaissance aux efforts bienveillans qui, au sujet de la publication de cet ouvrage, ont été faits en ma faveur par le respectable M. Augustin Jordan, alors directeur général des cultes, et par feu Charles Loison alors chef du bureau des cultes protestans et israélites, enlevé sitôt aux lettres et à la philosophie, trop souvent loué par les uns et à cause de cela même, trop peu ou mal apprécié par les autres; mais qui était digne de l'hommage glorieux rendu à sa mémoire dans le discours prononcé sur sa tombe même, par l'éloquent et généreux *Cousin*. Ce n'est pas sur leur rapport mais sur la demande directe du Consistoire central que le ministre de l'intérieur, alors M. le comte Siméon, adopta de confiance le livre élémentaire d'instruction religieuse dont j'ai parlé, et qui, presque une simple répétition d'un ancien livre de lecture, ne fait pas la moindre mention du dogme de l'immortalité de l'âme, pressenti et proclamé par Socrate et Platon, reconnu par la religion juive, et prêché depuis à tous les peuples civilisés par les propagateurs de toutes les religions modernes. Les lettres qui m'ont été écrites à ce sujet par M. Augustin Jordan et par Charles Loison, celles que j'ai déjà mentionnées dans cet écrit, ou qui m'ont été adressées, soit au sujet de l'abrégé de la bible, soit au sujet de la publication du prospectus des annales israélites ou d'autres circonstances, par plusieurs de mes co-religionnaires les plus considérés de la France, de l'Allemagne et de la Hollande; enfin, la copie communiquée des observations du Consistoire central sur cet abrégé de la bible se trouvent toutes entre mes mains et pourraient au besoin être publiées comme pièces justificatives. Parmi ces pièces, je range au nombre des plus précieuses des lettres qui m'ont été écrites dans diverses circonstances tenant à l'enseignement de la jeunesse, et pleines de sentimens d'estime et de justice, par une partie des dames composant le comité pour l'école des jeunes filles Israélites : comité composé de personnes aussi distinguées par leur éducation que par leurs rares et modestes vertus.

(1) Je ne sais quelle est cette foule de savans israélites que le

pamphletaire craindrait d'offenser en les comparant avec moi; il en est quelques-uns dans les pays étrangers que je reconnais pour mes maîtres, particulièrement en Hollande le célèbre publiciste Mayer, membre de l'Institut de ce pays; Asser, jurisconsulte et homme d'état; à Berlin, L. Ben David, un des hommes les plus savans de l'Allemagne, le respectable octogénaire David Friedlinder, dont le digne neveu a été enlevé récemment à Paris aux sciences et à l'humanité. Je rends aussi justice aux talens de mon homonyme et co-religionnaire M. Micael Berr, également de Berlin et frère du célèbre compositeur Mayer Berr. Un *paria* de quelques scènes, imitation gracieuse de l'inimitable Bernardin de St-Pierre dans la chaumière indienne, et supérieurement bien joué à ce qu'il paraît, par une jeune et charmante actrice qu'on a vue il y a quelques mois à Paris en même temps que l'auteur; une Clytemnestre à laquelle les journaux littéraires de l'Allemagne reprochent de n'avoir aucune couleur antique; une fiancée d'Arragon qui a eu un succès très-honorable, ont ébauché la réputation de ce jeune poëte favorisée d'Apollon et de Plutus. Mais le titre de Casimir Delavigne de l'Allemagne, qu'un de nos journaux littéraires lui a donné, en annonçant quelques jours avant ou après son départ de la Capitale, que ses œuvres allaient y être introduites en français par le traducteur de Schiller, paraît hasardé et au moins prématuré. Il ne mérite pas moins d'être rangé parmi ceux qui, dès à présent, honorent leurs sectes et même la littérature et la poésie allemande. J'ai fait connaître encore quelques autres israélites d'Allemagne dans un article sur la littérature hébraïque moderne, inséré dans le journal asiatique et que j'avais accompagné de la traduction en hébreu de la célèbre prière universelle de Pope. Quant aux juifs français ou demeurant en France, j'ignore si l'orgueil de l'humilité ou l'humilité de l'orgueil a empêché un des instigateurs présumés du pamphlet à laisser prononcer le nom d'un savant israélite étranger, fixé à Paris; du reste la liste de prédilection du pamphletaire est loin d'être complète. Je dois citer, comme ayant devancé avec gloire ses co-religionnaires français, le respectable et savant Enesheim, qui achève à Bayonne, dans la famille du frère du respectable Furtado, une carrière honorée à Berlin, par l'amitié de Mendelsohn et la coopération de ses travaux; à Metz, par l'amitié plus intime encore de feu Bing; à Paris, par les suffrages de l'immortel Lagrange, pour ses Essais de Géométrie. On pourrait aussi citer, parmi les israélites français qui depuis se sont honorablement distingués, M. Bedarid, avocat à Montpellier, qui publie en ce moment un Mémoire qui a concouru à l'Institut pour la question relative aux Juifs du moyen âge, mémoire qui le fera connaître comme un homme instruit et comme un écrivain élégant, M. Mayer avocat à Strasbourg, M. Charles Bing, mon beau-frère, avoué à Metz, et qui a publié une traduction de l'*Ami des jeunes Demoiselles*, du pasteur Evald de Carlesroux, et un discours généralement applaudi, prononcé à une distribution de prix aux élèves de l'école israélite de Metz; et à Paris, M. le chevalier Alphonse Cerf Berr, etc. Quoiqu'en dise le calomnieux pamphlétaire, si mes écrits ont quelquefois fait éprouver à mes lecteurs de l'impatience, ou même un autre sentiment, c'est par les fatigantes nomenclatures qu'une bienveillance naturelle m'engageait de faire à tous ceux de mes co-religionnaires, qui me paraissaient avoir des titres à l'estime et à la considération publique.

13. Dans des observations sur *les juifs au* 19.e *siècle*, par feu le chevalier Bail, écrivain estimé, véritable ami de l'humanité dont la plume, comme celle de l'auteur *de l'é at des protestans en France*, a toujours été consacrée à la fois à la défense de la religion, de la tolérance et de la philosophie, tous les deux récemment enlevés par une mort précoce aux lettres et à l'amitié; l'un et l'autre aussi dans les deux ouvrages dont je viens de parler m'ont laissé l'expression de l'estime et de la bienveillance dont ils m'ont honoré; des voix éloquentes feront connaître bientôt dans une illustre et solennelle réunion, tous les titres d'Aignan à l'estime publique, et la mémoire du chevalier Bail doit recevoir ici cet obscur mais affectueux tribut de mon souvenir, de mes regrets et de ma reconnaissance.

14. Il est peu d'hommes, dont j'ai eu plus à me plaindre que de M. Simon Mayer Dalmbert, et dont je me sois plaint davantage; néanmoins, je dois le dire, je crois qu'il n'est pas actuellement sans quelques vertus domestiques; et il n'était pas même fait pour devenir un méchant homme, ou s'il l'est devenu, c'est par le plus étrange mélange d'ambition, d'ignorance et d'orgueil; et parce que, comme l'observait un homme de beaucoup d'esprit avec lequel le hasard lui avait autrefois donné quelques rapports, ayant à un certain degré l'esprit d'intrigue et l'esprit des affaires, il croit avoir tous les autres genres d'esprit, et que cela doit lui tenir lieu de tout autre mérite, et lui assurer une prééminence exclusive parmi ses co-religionnaires, ou tout autre considération marquante est pour lui un objet d'éloignement et de persécution. Simon Dalmbert a épousé une de mes parentes, à laquelle, autrefois et toujours, j'ai vu pratiquer toutes les vertus; une des plus tristes conditions, attachées encore il y a quelque temps à l'état social des Juives, c'est que pendant que les hommes étaient obligés de chercher les avantages et les honneurs par des vues actives et peu distinguées, mais les seules que leur permettaient encore leur propre éducation et les dispositions de la société envers eux, les femmes, recueillies

au sein de leurs affections et de leurs foyers, parvenaient pour
la plupart à un perfectionnement qui laissait une immense dis-
tance morale entre elles et les hommes auxquels les considérations de l'existence et les calculs de leur fortune, forçaient
leurs familles à les unir. Il en est résulté un spectacle pénible
en lui-même, et pour moi en particulier, le chagrin d'être
obligé de faire souvent l'objet du plus juste ressentiment, ou
de mon mépris, des hommes dont la destinée était unie à celle
des personnes auxquelles j'aimais à vouer le respect le plus profond et l'affection la plus sincère.

15. D'après cette ordonnance, les consistoires départementaux
seront directement nommés par les notables; ils pourront être
changés tous les deux ans; le Consistoire central sera composé, outre les deux rabbins, de sept membres laïques nommés par
une présentation de deux candidats, par les notables de chacune
des sept circonscriptions consistoriales : Paris, Bordeaux, Marseille, Metz, Nancy, Strasbourg et Colmar. Cette organisation
est très-bonne, c'est celle que l'opinion réclamait généralement ;
mais l'organisation des notables à la nomination du ministre
de l'intérieur, est restée à vingt-cinq pour chaque Consistoire et conservée comme l'ancienne au ministre de l'intérieur
sur la présentation du Consistoire central et l'avis des Consistoires départementaux et des préfets. Dans les écrits précédemment publiés à ce sujet, nous demandons M. Singer, moi,
et plusieurs autres organes de l'opinion générale une notabilité plus nombreuse, une notabilité de fait, composée des plus
forts contribuables, des gradués aux diverses facultés, des membres
des sociétés savantes et littéraires reconnues par le gouvernement, des légionnaires et fonctionnaires publics; de plus le
Consistoire actuel s'est conservé la présentation des notables qui
doivent présenter des candidats pour le Consistoire central nouveau, il devait se flatter ainsi d'exercer une grande influence
sur cette présentation de candidats, les notables de Metz et
de Bordeaux lui ont déjà prouvé le contraire, ceux des autres
consistoires, dont il faut enfin espérer que la convocation ne sera
pas plus long-temps retardée, lui prouveront, j'en suis sûr,
aussi qu'au moment actuel, il est impossible que vingt-cinq israélites notables et considérés soient réunis sans faire des présentations dignes de la position et de la culture sociale à laquelle
eux et leurs co-religionnaires sont arrivés.

16. On me permettra de payer ici un tribut de regret et de vénération à la mémoire de mon beau-frère, J.-G. Gondechaux, de
Nancy. Qui plus que ce négociant offrit cette heureuse réunion
de qualités qui ne devraient jamais être séparées ? Tous ceux qui
l'ont connu et apprécié m'approuveront, j'en suis bien sûr, de la

rappeler ici; tous, si ce n'est quelques hommes pour qui l'exemple
et le souvenir de ses vertus devraient être un sujet éternel de honte
et de douleur. Les présentations que je propose à mes co-religionnaires compatriotes, leur paraîtront sans doute dignes d'eux-mêmes. Un négociant estimé pour sa considération commerciale et
ses vertus religieuses; un membre de leur société académique des
sciences, lettres et arts, qui s'honore d'avoir fait au milieu
d'eux les premiers pas dans la carrière du barreau, de l'administration et des lettres. Une présentation semblable leur paraîtra
sans doute bien plus digne d'eux-mêmes que si on les voyait porter leurs suffrages sur des banquiers, des joailliers et des fournisseurs, c'est-à-dire sur des hommes qui, au sein des bienfaits de
l'égalité civile et de la justice philosophique, n'ont pu trouver
des sources d'avantages ou de renommée que dans les moyens qui,
au temps même de la servitude et de l'intolérance, étaient le do-
maine exclusif de leurs efforts et de leurs espérances.

17. Une académie, où des hommes d'une réputation euro-
péenne, MM. Schveighäuser père et fils, correspondans de l'Institut; M. Matters qui en fut couronné pour son excellente Histoire
de l'école d'Alexandrie; M. Arnold, jurisconsulte, littérateur et
érudit; M. Thaler, l'un de nos plus profonds hébraïsans, etc.,
ont hérité de la gloire de leurs dignes prédécesseurs Koch, Ober-
lin, Arbogast, Plezig, Haffener, Herman, Peterfen, l'illustre
académie de Strasbourg a proposé et mis au concours, comme
sujet de prix, un mémoire sur cette importante question. Je
n'y concourrai pas par des raisons analogues à celles qui ont dû
me défendre de concourir pour la question proposée à l'Institut
sur l'état des juifs au moyen âge; j'ai publié dans *l'Argus* des
observations à ce sujet, et en rendant justice aux intentions
philanthropiques et à l'utilité de ce sujet de prix en lui-même,
j'ai fait quelques observations sur l'esprit dans lequel le pro-
gramme a été rédigé; j'ai cherché à convaincre l'académie de
Strasbourg que la question est plutôt administrative et pédago-
gique que théologique, qu'il s'agit non pas d'attaquer les principes
fondamentaux de la religion des Juifs, mais de donner chez eux
une meilleure direction à l'esprit religieux et de porter, par tous
les encouragemens possibles, vers l'agriculture, les arts et métiers,
les professions utiles et honorables, une classe d'hommes uni-
quement et seule capitaliste dans la contrée et qui, par cette
circonstance et par son isolement des autres classes, est trop
naturellement portée au vice odieux de l'usure. Le philanthropique et orthodoxe auteur du pamphlet range-t-il aussi cet
écrit dans lequel, pour défendre la conscience d'une population
considérable de mes co-religionnaires français et leur être utile,
je me suis exposé peut-être à être jugé avec une sévérité qui
m'affecterait avec tant de raison par une société dont les relations

et les sentimens me sont d'un si grand prix, le range-t-il parmi ceux qui m'ont été inspirés par mes passions et mes vengeances ?

18, Mes lecteurs ne seront pas fâchés, je crois, de connaître la circonstance dans laquelle éclatèrent pour la première fois, les débats déplorables dont je me suis vu enfin obligé de les entretenir avec quelques détails. Cette circonstance, la voici : M. de Bonald venait de faire à la chambre des députés de 1815 la proposition par suite de laquelle le divorce fut aboli en France par une loi. Dans le discours qui précéda cette proposition, il avait avancé que les docteurs juifs permettaient le divorce pour les causes les plus légères et avec une facilité immorale ; il se trompait et on me pressait de le prouver ; je le fis, dans un écrit intitulé : *du divorce considéré chez les Israélites* ; il ne me fut pas difficile de démontrer que l'acte funeste et dangereux du divorce est flétri chez les juifs modernes comme chez les chrétiens, qu'il n'est permis que dans des cas extrêmement rares et hérissés de difficultés. La publication de cet écrit et l'importance de faire sur cette matière importante des démarches concordantes avec celles des sectaires des autres cultes où le divorce est autorisé, provoquèrent une réunion d'israélites notables ou éclairés, sous la présidence de M. le chevalier Grand Rabbin de Cologna ; j'y fus appelé ; j'y développai sur ce sujet grave et délicat une opinion que je devais regarder comme vraiment religieuse, et que M. Simon Mayer Dalmbert, dont la dévotion et la dignité consistoriale étaient également de fraîche date, ne trouvait pas assez orthodoxe ; mais elle fut adoptée par la grande majorité des personnes réunies, et avant de se séparer, M. de Cologna me pria de provoquer à ce sujet les conseils et la bienveillance de quelques hommes d'état, dont il connaissait la philanthrophie, et qu'il savait avoir pour moi de l'estime et des bontés ; cette invitation sembla choquer beaucoup le nouveau dignitaire ; peu de temps après plusieurs journaux insérèrent des articles où les intérêts moraux et sociaux de mes co-religionnaires se trouvaient froissés ; je fis paraître des réponses que j'avais d'abord communiquées à M. de Cologna, avec lequel alors j'étais lié d'amitié presqu'intime, détruite par les intrigues de son nouveau collègue et la faiblesse de son propre caractère, et à M. Jacob Lazare qui venait de quitter le Consistoire central et dans le jugement et la sagacité duquel je n'ai jamais cessé d'avoir confiance. L'amour-propre du nouveau membre fut alors blessé au vif, il éclata en reproches et déclara à M. de Cologna et à moi, que pas un mot concernant les israélites, ne pourrait être mis à l'avenir dans un journal sans son approbation et qu'il allait prévenir tous les rédacteurs et toutes les autorités compétentes, qu'aucune démarche ne pouvait être faite relativement aux israélites que sous ses auspices ; M. le Grand Rabbin lui fit quelques humbles remarques sur cette étrange prétention, quant à moi, je la traitais avec la dignité d'un homme de lettres à qui l'on demande de soumettre ce que lui inspirent sa raison et son cœur, à un homme qui ne connaît pas les règles de sa langue ; ce fut alors, je crois, que la première dispute eut lieu entre nous ; il m'accusa d'être un ambitieux et un intrigant. « N'avez-vous pas » voulu une fois être, dans votre pays, sous-préfet ou con» seiller de préfecture, me dit-il, dans un jargon allemand » que parlent encore familièrement les juifs français de son » âge et du mien. — Oui, sans doute, lui répondis-je. — Je » ne le souffrirai pas », me dit-il, dans le même grimoire, avec l'accent de la fureur : ce mot fut un éclair pour moi, et m'expliqua les obstacles imprévus qui se présentaient toujours à l'accomplissement de mes projets, lorsque par suite d'anciennes relations, je les avais confiés à celui qui dans ce moment était mon interlocuteur ; *Je ne le souffrirai pas*, c'est le cri de l'esclave déchaîné, qui dit dans sa fureur ce qu'il cachait dans sa ruse et qui ne veut pas souffrir que l'homme qu'il suppose avoir été esclave avec lui, puisse s'élever à la dignité et à la considération sociale par d'autres voies, que par celles qu'il juge encore possibles et dont il ne voudrait même permettre l'exploitation que pour lui seul.

19. A l'instant où cette brochure va paraître, les auteurs du pamphlet auxquels elle répond, me font attaquer dans deux journaux, comme précédemment dans un autre qui était alors de la même couleur. Mais puisque ces journaux les *protègent*, pour me servir de leur expression favorite, ils ne devraient pas au moins leur faire dire des faussetés de notoriété publique, comme lorsqu'ils ont fait dire que le pamphlet anonyme, publié contre moi, est une réponse à la notice biographique que l'on a bien voulu me consacrer dans *l'Argus*, journal littéraire, où il a paru plusieurs autres notices semblables sur des littérateurs contemporains. La notice et le pamphlet ont paru à peu près ensemble, comme on peut s'en assurer par la date de la publication et par le silence complet que l'un de ces écrits garde sur l'autre. Cette notice bienveillante n'a pas même ainsi pu servir de prétexte aux instigateurs du pamphlet. Le témoignage de justice et de confiance que j'ai reçu de mes co-religionnaires de Metz, a suffi pour les déterminer à se livrer avec lâcheté à ce débordement de faussetés et de calomnies, que ce récit impartial de ma vie entière dément déjà suffisamment ; mais qu'il était aussi de mon honneur de démentir moi-même.

FIN DES NOTES.

P.-S. Cette brochure était déjà entièrement imprimée, lorsque le *Journal de Paris*, et après lui d'autres journaux, ont annoncé la liste des notables israélistes nommés par Son Exc. le Ministre de l'intérieur, en ajoutant de confiance que ce sont toutes personnes très-estimées. Cet acte, en donnant à la décision dont il s'agit un caractère légal, ne change en rien mon opinion ni sur les hommes ni sur les choses. Je prie le public d'être persuadé que tout ailleurs qu'à Paris, la liste des notables israélites se compose en grande partie de citoyens se livrant à des professions variées et diversement conformes à l'esprit du temps : peut-être aurait-on pu, quoiqu'avec bien moins de succès, former une liste semblable à Paris. si on ne remarquait sur celle dont il s'agit l'omission de tous ceux des israélites de la capitale qui se font remarquer dans la culture des sciences, des lettres et des arts. Les journaux auraient dû ajouter que la nomination n'a eu lieu que sur la présentation formelle du Consistoire central actuel, prêt à cesser ses fonctions : je dois ajouter moi-même que Son Exc. le Ministre de l'intérieur m'a écrit que l'article 3 du décret du 17 mars 1808, ayant attribué au Consistoire central la présentation des candidats qui doivent former le collége des notables israélites, et mon nom ne s'étant pas trouvé compris sur la liste que le Consistoire lui a adressée, il n'a pu faire droit à ma demande tendant à être nommé aux fonctions de notable de la circonscription israélite de Paris. Ce choix, qui renferme quelques noms dignes de respect, est donc, à la fois, étranger à l'autorité supérieure et à l'opinion des israélites de la capitale.

C'est aussi depuis que cette brochure est terminée que j'ai appris la présentation de candidats au Consistoire central, par le collége des notables israélites de Nancy, et la recomposition du Consistoire départemental de cette ville. L'opinion décidera si j'ai perdu de n'avoir eu qu'un suffrage dans ce collége ou si ce collége a perdu de ne m'en avoir donné qu'un : ses deux candidats sont M. Worms de Romilly, banquier, et M. H. Schmoll, fournisseur; mon respectable père a cessé de faire partie du Consistoire départemental qui a été entièrement renouvelé et, je le sais, sans s'y être nullement attendu. Manquer à la vieillesse, aux vertus, aux services, est ce qui n'a que trop souvent caractérisé les prétendus philosophes juifs de notre époque. Mon père a été remplacé par un de ses petits-fils et un de ses gendres; je ne croirai à leur honte, c'est-à-dire, à leur consentement volontaire à le remplacer, que lorsque j'en aurai une conviction que, Dieu merci, je suis très-loin d'avoir. Le Consistoire départemental de Nancy s'est cependant amélioré moyennant le remplacement volontaire d'un de ses membres par un de ses gendres, homme vraiment estimé et capable, et la réélection d'un autre membre avantageusement remplacé. Les présentations de candidats du Haut et du Bas-Rhin et de Paris sont maintenant les seules que le gouvernement a encore à attendre pour recomposer enfin le Consistoire central.